Research on the Collaborative Governance
Mechanism for Legal Risks in Chinese Enterprises
"Going Global" Strategy
A Legalization Perspective Based on the "Belt and Road" Initiative

中国企业"走出去"的
法律风险协同治理机制研究

基于"一带一路"倡议的法治化实践

陈 希 ◎著

北京大学出版社
PEKING UNIVERSITY PRESS

图书在版编目(CIP)数据

中国企业"走出去"的法律风险协同治理机制研究：基于"一带一路"倡议的法治化实践 / 陈希著. -- 北京：北京大学出版社，2025.7. -- ISBN 978-7-301-36483-3

Ⅰ.D922.295.4

中国国家版本馆 CIP 数据核字第 2025V9Y469 号

书　　　名	中国企业"走出去"的法律风险协同治理机制研究：基于"一带一路"倡议的法治化实践 ZHONGGUO QIYE "ZOUCHUQU" DE FALÜ FENGXIAN XIETONG ZHILI JIZHI YANJIU: JIYU "YIDAI YILU" CHANGYI DE FAZHIHUA SHIJIAN
著作责任者	陈　希　著
责 任 编 辑	李小舟
标 准 书 号	ISBN 978-7-301-36483-3
出 版 发 行	北京大学出版社
地　　　址	北京市海淀区成府路 205 号　100871
网　　　址	http://www.pup.cn　　新浪微博：@北京大学出版社
电 子 邮 箱	zpup@pup.cn
电　　　话	邮购部 010-62752015　发行部 010-62750672 编辑部 021-62071998
印 　刷 　者	北京溢漾印刷有限公司
经 　销 　者	新华书店
	730 毫米×980 毫米　16 开本　12.5 印张　162 千字 2025 年 7 月第 1 版　2025 年 7 月第 1 次印刷
定　　　价	78.00 元

未经许可，不得以任何方式复制或抄袭本书之部分或全部内容。
版权所有，侵权必究
举报电话：010-62752024　电子邮箱：fd@pup.cn
图书如有印装质量问题，请与出版部联系，电话：010-62756370

目录 Contents

引　言 … 1

第一章　相关理论基础及研究综述 … 7
　　第一节　对外投资的理论基础 … 7
　　第二节　国内外相关研究综述 … 14

第二章　我国企业"走出去"的现状分析 … 21
　　第一节　我国企业"走出去"的历程 … 21
　　第二节　我国企业"走出去"的特点 … 24

第三章　我国企业"走出去"的法律风险分析 … 28
　　第一节　来自母国的法律风险 … 28
　　第二节　来自东道国的法律风险 … 41
　　第三节　来自合作方的法律风险 … 63
　　第四节　其他法律风险 … 68

第四章　企业"走出去"的风险防范及法律保障 … 103
　　第一节　我国企业防范法律风险的措施 … 103
　　第二节　我国政府防范法律风险的措施 … 124

第五章 国际投资法律环境的新趋势与新挑战 146
    第一节 国际投资规则的新发展 148
    第二节 中国企业"走出去"面临的新挑战 157
    第三节 国际投资法律环境的应对策略 164

第六章 构建中国企业"走出去"法律风险防范的长效机制 170
    第一节 企业层面的长效机制建设 170
    第二节 政府层面的长效机制建设 177
    第三节 社会层面的协同机制建设 184

参考文献 188

后 记 196

引　言

"走出去"战略是对中国企业走出国门、积极参与全球经济合作与竞争的生动总结。这一战略的提出和实施,标志着中国从单纯的"引进来"转向"引进来"和"走出去"并重的双向开放格局,是中国经济全球化进程中的重要里程碑。

1992年,邓小平同志的南方谈话为中国改革开放注入了新的活力,同年召开的党的十四大明确提出"积极扩大我国企业的对外投资和跨国经营"的战略方针,为"走出去"战略的实施奠定了政策基础。在这一精神的鼓舞下,中国企业开始积极探索海外市场,对外投资规模逐步扩大,"走出去"战略由此进入起飞阶段。经过数十年的发展,"走出去"战略已经从最初的探索阶段逐步走向成熟,成为中国对外开放基本国策的重要组成部分。在这一过程中,中国企业不仅积累了丰富的国际化经验,还逐步形成了涵盖政策支持、法律保障、风险管理、文化融合等在内的比较完整的理论体系。这一理论体系既包括对国际投资规则的深入研究,也涵盖了对跨国经营模式的创新探索,为中国企业在全球范围内优化资源配置、提升国际竞争力提供了坚实的理论支撑和实践指导。"走出去"战略的实施,不仅推动了中国企业的国际化进程,而且促进了中国与世界各国在经济、技术、文化等领域的深度合作。通过对外投资,中国企业不仅获得了先进技术和管理经验,还带动了东道国的经济发展和就业增长,实现了互利共赢。同时,"走出去"战略也为中国参与全球经济治理、提升国际话语权提供了重要平台。未来,随着"一带一路"倡议的深入推进和全球经济格局的深刻变化,"走出去"战略将继续发挥重要作用,助力中国企业在新一轮全球化浪潮中实现高质量发展。

自2013年9月7日习近平主席在访问哈萨克斯坦时首次提出共同建设"丝绸之路经济带"的战略倡议以来,"一带一路"战略已经成为我国对外开展的重要战略。"一带一路"战略作为我国在新时期推动全球合作与发展的重大倡议,已经成为我国对外开展经济合作、促进互联互通的核心战略之一。该战略以共商、共建、共享为原则,旨在通过政策沟通、设施联通、贸易畅通、资金融通和民心相通,构建起横跨亚欧非大陆的经济合作网络,为全球经济治理注入新的活力。自2013年以来,"一带一路"倡议不仅在国内得到了全面贯彻和实施,而且在国际上引起了广泛关注和积极响应,成为推动全球化进程的重要力量。从战略内涵来看,"一带一路"对"走出去"战略进行了进一步的深化与补充。传统的"走出去"战略主要聚焦于企业层面的对外投资和跨国经营,"一带一路"则在此基础上,将合作范围扩展到基础设施建设、能源开发、金融合作、文化交流等多个领域,形成了全方位、多层次、宽领域的国际合作格局。通过"一带一路"倡议,中国企业得以在更广阔的国际舞台上参与全球资源配置,同时也为东道国提供了发展机遇,实现了互利共赢。例如,中巴经济走廊、中欧班列等标志性项目的实施,不仅推动了中国与沿线国家的经济合作,而且为全球供应链的稳定和区域经济的复苏做出了重要贡献。

"一带一路"战略的推进,推动了我国海外投资发展的新局面。一方面,它为中国企业"走出去"提供了更加系统化的政策支持和更加广阔的市场空间;另一方面,通过加强与沿线国家的合作,中国企业得以在更复杂的国际环境中积累经验、提升竞争力。2023年11月,国家发展改革委区域开放司司长徐建平在新闻发布会上介绍,2013年至2023年10月,中国与"一带一路"共建国家进出口总额累计超过21万亿美元,对共建国家直接投资累计超过2700亿美元。[①]根据商务部2024年年初公布的数据,2023年中国对"一带一路"沿线国家的非金融类直接投资约318亿美元,同比增长51.6%,占"一带一路"直接投资总额的78.1%。其中,信息传输、软件和信息技术服务业投资额12.1亿美元,增长192.2%[②],标志着合作层次向价值链高端攀升。这种转型升级的投资格局,既加速了中国企业技术标准的国际化进程,也为全球产业链重构注入了新动能。

我国2024年《政府工作报告》首提"规则型合作"战略导向,明确要求推动中国标准与国际标准体系互认互通。在工程承包领域,中国建筑工程标准(GB/T体系)与ISO 19650建筑信息模型(BIM)国际标准实现对接,助力中企在沙特未来新城、匈牙利匈塞铁路等项目竞标中突破技术壁垒;在制造业领域,中德新能源汽车充电接口标准互认协议于2024年3月签署,为第三方市场电动汽车基建合作扫清障碍。同步推进的"数字丝绸之路"建设,将跨境数据流动规则构建列为优先事项。中国主导制定的《全球数据安全倡议》在2024年东盟数字经济部长会议上获23国联署,推动建立"数字海关"试点,在马来西亚、阿联酋等节点国家试行数据分级分类监管机制,为智能港口、跨境电商等合作场景提供合规框架。

在合规风险管理层面,商务部2024年1月发布的《第三方市场合

---

① 参见《【一带一路·观察】2023年中国"一带一路"投资分析》,http://finance.sina.com.cn/cj/2024-09-27/doc-incqqumu7871676.shtml,2025年8月1日访问。

② 参见商务部、国家统计局和国家外汇管理局2024年9月24日发布的《2023年度中国对外直接投资统计公报》。

作合规指引》系统性强化全流程监管：一是要求企业参照美国《反海外腐败法》(FCPA)、英国《反贿赂法案》(UKBA)建立反腐败合规体系，2024年5月中法联合开发的加纳智慧电网项目即因提前完成合规审查，规避当地公共采购调查风险；二是强制披露技术转让条款与知识产权归属，如中意埃塞俄比亚农业科技园项目明确约定核心算法专利由三方共同持有；三是建立环境与社会影响评估(ESIA)强制认证机制，2024年启动的"一带一路"绿色项目库已将 ESIA 达标作为融资前置条件。该指引的出台，标志着第三方市场合作从"规模扩张"转向"规则治理"，通过制度性约束降低地缘政治风险。在2024年中非第三方市场合作论坛上，中国与南非、肯尼亚共同发布的《新能源项目投资标准互认路线图》，首次将中国光伏电站建设规范与非洲开发银行可持续基础设施标准挂钩，凸显规则型合作的实践效能。这种以标准对接提升制度性话语权的路径创新，正推动"一带一路"建设从项目驱动向规则引领的高阶形态演进。在"走出去"的战略背景下，我国创造性提出第三方市场合作，成为共建"一带一路"的新路径和国际合作的新模式，受到相关国家的广泛欢迎。对于推动我国产业迈向中高端水平、促进发展中国家工业化和经济发展、助力发达国家开辟互利共赢新空间，共建"一带一路"命运共同体都具有重大意义。

然而，机遇与风险并存，尽管海外投资的历程在不断推进，但我国企业的海外投资之路并非一帆风顺，整个海外投资活动都受到母国、东道国和合作国三方法律的调整与支配。目前，我国企业对外直接投资的形式主要包括绿地投资和跨境并购两种。2023年上半年，中企宣布的海外并购总额仅为117.3亿美元，为近十年同期最低，同比下降14%；上半年宣布的交易数量为224宗，同比下降13%[①]。这

---

① 参见2023年8月14日安永大中华区发布的《2023年上半年中国海外投资概览》。

引　言

反映出在地缘政治冲突加剧、多国强化外资安全审查的背景下,中企并购策略趋于审慎。同时,在海外投资活动中,中国企业虽然具有一定的低成本优势,且部分企业资金实力雄厚,但是许多企业在对外投资的过程中,因为缺乏对母国、东道国和合作国法律法规或者目标企业的了解,时常会受到国外法律的审查。行业研究显示,因东道国法律合规问题导致中企海外并购终止的比例在2023年显著上升。东道国国家安全审查的泛政治化倾向、反垄断规制的差异化标准、劳工与环境法的合规成本攀升,以及文化冲突引发的知识产权纠纷,共同构成了复杂的风险体系。数据显示,近五年中国企业海外并购失败案例中,逾60%与法律风险直接相关,暴露出事前评估不足、合规体系薄弱、危机应对滞后等系统性短板。与此同时,国际投资规则正经历深刻重构:多边机制式微背景下,区域协定与单边审查并行;数字贸易、绿色经济等新兴领域立法空白与监管重叠并存;地缘政治博弈加剧了法律工具的战略化运用。这一变局对中国企业风险防控能力提出更高要求,也倒逼理论研究与政策设计迭代升级。

企业对外投资涉及的法律体系复杂且庞大,通常涵盖公司法、证券法、反垄断法、劳动法、银行法、外汇法等多个部门法。这些法律内容繁杂、专业性强,如果疏忽了对任何一项法律的深入了解,都可能成为企业对外投资的障碍,为企业带来经济损失。此外,由于企业的对外投资是一种走出国门的经济行为,除本国国内法以外,企业的行为还要受到投资东道国和合作方国内法以及国际法的规制。由于各个国家的法律体系和国情差异巨大,相应的法律法规也不尽相同,因此迥然不同的外国法律体系增加了企业识别的难度,企业常常陷入法律纠纷的困境。除了国内外法律等大环境带来的法律风险之外,对目标企业了解不足、筹资途径不畅通、后期整合不力等具体因素,都有可能触发法律风险。因此,必须重视对法律风险的了解和研究,并寻求合适的方式来消除或防御法律风险。

　　既有研究多聚焦单一法律领域或国别经验,缺乏对母国、东道国、国际法三重规制的系统性解构,更鲜见将"第三方市场合作"等创新模式纳入分析框架。本书立足新发展格局,以跨学科视角构建多元化研究模型:通过比较法剖析美欧审查机制演化逻辑,运用实证研究解码中资企业典型败局,结合最新政策动态评估《区域全面经济伙伴关系协定》(RCEP)与《中欧全面投资协定》(CAI)的规则红利。研究既注重理论层面的制度批判与范式创新,又强调为政府完善海外投资保障体系、企业构建全周期合规生态提供可操作性方案。在"双循环"战略纵深推进的今天,本书试图回答的核心命题是:如何通过法律治理的现代化转型,将风险挑战转化为制度竞争力,助力中国企业在全球治理体系中实现从规则接受者到规则塑造者的跨越。

第一章

相关理论基础及研究综述

跨国投资法律风险研究需植根于多维理论视角的交叉融合。本章结合国际经济学、制度学派及战略管理学的前沿理论展开分析,既回应国际投资规则重构的现实挑战,又为中国企业法律风险治理提供理论支撑。

第一节 对外投资的理论基础

对外直接投资的理论演进始终与全球经济格局变迁同频共振。从早期解释资本流动的静态模型,到关注制度环境与动态能力的系统性框架,理论工具的创新不断推动研究范式从"现象描述"向"机制解构"跃升。本节选取投资发展周期理论(Investment Development Path Theory)、制度基础观理论(Institutional Theory)及动态能力理论(Dynamic Capability Theory)作为分析支柱,旨在揭示中国企业"走出去"的阶段性特征、制度性障碍与适应性策略的互动逻辑。

一、投资发展周期理论

对外直接投资(OFDI)的理论建构始于 20 世纪 70 年代国际生产

折中理论的兴起,其中英国经济学家约翰·邓宁(John H. Dunning)于1981年提出的投资发展周期理论最具系统性解释力。该理论将国家对外直接投资动态置于经济发展阶段框架内,提出四阶段演进模型:

(1) 初始阶段(人均GDP低于2000美元):经济体处于封闭状态,既无显著外资流入,亦无对外投资能力,典型如20世纪80年代撒哈拉以南的非洲国家。

(2) 起步阶段(人均GDP 2000—4000美元):外资引入规模随基础设施需求增长而扩大,但对外投资受制于企业所有权优势缺失,如20世纪90年代中期的中国。

(3) 加速阶段(人均GDP 4000—10000美元):本土企业通过技术积累形成特定竞争优势,对外投资增速超越外资流入,政府开始构建配套政策体系,如2008—2018年的中国。

(4) 成熟阶段(人均GDP超10000美元):对外投资净值由负转正,跨国公司主导全球价值链布局,当前美国、德国等发达经济体即处于此阶段。

通常当一个国家的人均GDP超过5000美元时,该国的对外投资速度可能高于引进外资的速度,资本流出超过资本流入,国家成为对外投资国。[①] 中国的发展轨迹显著印证了这一规律:2003年人均GDP首次突破1000美元后,对外投资流量大幅度增长;2018年人均GDP超过9700美元,对外直接投资流量跃居全球第二,存量突破1.98万亿美元。[②] 这一跨越式发展不仅体现出经济规模扩张,更折射出"双循环"战略下企业全球化资源配置能力的质变。2023年,我国

---

① 参见尹德先、杨志波:《中国对外直接投资发展阶段研究》,载《商业研究》2013年第1期。

② 参见商务部、国家统计局和国家外汇管理局2023年9月24日发布的《2023年度中国对外直接投资统计公报》。

人均国内生产总值突破1.2万美元,对外直接投资流量、存量连续多年居全球前三位,印证"走出去"战略是顺应经济发展高阶阶段的必然选择。

二、制度基础观理论

制度基础观理论为解析跨国投资中的规则壁垒与制度适配提供了系统性框架,强调制度环境通过正式规则与非正式约束共同塑造企业战略选择。该理论起源于20世纪90年代,旨在批判早期国际经济学研究中将制度视为均质化背景的假设,该制度包含三大支柱:规制性支柱、规范性支柱以及文化—认知性支柱。在此基础上,有学者将制度基础观引入国际商务领域,提出"制度转型—企业战略"互动模型,指出母国与东道国的制度距离越大,企业的法律合规成本越高,需通过合法性策略缓解制度摩擦。世界银行2024年数据显示,制度距离每增加1个标准差,跨国项目审批周期平均延长23%,合规成本上升18%。

中国对外投资的制度风险呈现出典型的阶段性特征。在2001—2012年的制度约束阶段,中国企业在亚非拉资源型投资中面临显著制度冲突:缅甸密松水电站因环保争议被叫停,中铁建沙特麦加轻轨项目因劳工文化差异亏损约41亿元人民币。中国企业"走出去"需重点防范政治风险,建立完善的政治环境评估和应对机制。随着"一带一路"倡议的推进,2013—2020年进入制度适配阶段,中国通过签署56份投资保护协定、建立国际商事法庭(CICC)强化规范性制度嵌入,并借助华为等企业ESG报告提升认知合法性。2021年至今,中国转向制度塑造阶段,国家电网主导制定28项智能电网国际标准,RCEP框架下中企东盟本地化采购率达45%,展现出我国从规则接受者向制度共建者的转变。

面对复杂的制度环境,中国已经形成多重应对机制。制度对冲方面,上海自贸试验区创新开展了"证照分离""照后减证""一业一证"等试点,在31个行业发放行业综合许可证5000多张,平均审批时限压减近90%;①制度融合层面,亚投行(AIIB)推动国际投资仲裁规则改革,2019年中国向UNCITRAL第三工作组提交《中国关于投资者与国家间争端解决机制改革的建议文件》,主张设立上诉机构、提高透明度及平衡投资者与东道国权益;制度创新领域,腾讯云天御系统通过AI引擎与全球情报网络,动态适配欧美、东南亚等40多个国家的合规要求,实现合规运营效率提升70%。②这一理论框架不仅弥补了投资发展周期理论对制度异质性的忽视,更为应对"规则遏制"与"制度陷阱"提供了实践工具。微观层面,企业需建立制度智能,将合规管理前置至投资决策;宏观层面,全球发展倡议已推动21个国家修订外资法,通过软实力外交缩小制度距离,体现了中国从被动适应到主动塑造国际制度的战略升级。

三、动态能力理论

动态能力理论聚焦企业在动态环境中整合与重构资源的微观机制,为解析中国对外投资中的适应性创新与风险韧性提供了重要视角。该理论由提斯(Teece)等人于1997年提出,强调企业需通过"感知机会—捕捉机会—重构资源"的循环机制,应对跨国经营中的技术壁垒、市场不确定性及制度摩擦。动态能力理论突破了传统资源基础观的静态局限,提出"能力即过程"的动态逻辑,包含三个核心维度:感知能力(sensing)、捕捉能力(seizing)与重构能力

---

① 参见《上海自贸区十周年|从"放管服"看政府职能转变》,https://finance.sina.com.cn/jjxw/2023-10-01/doc-imzppzvr0139475.shtml,2025年8月1日访问。
② 参见《腾讯云天御发布海外交易风控解决方案,AI+情报双擎护航企业全球化安全》,https://tech.qudong.com/2025/0528/871253.shtml,2025年8月1日访问。

(reconfiguring)。华为通过全球研发网络预判东道国数字主权立法趋势,比亚迪提前布局匈牙利电池工厂应对欧盟碳关税,腾讯基于海外合规要求重组云业务部门,均体现了这一理论的应用。

中国企业的动态能力发展历经技术追赶、战略升级与生态构建三个阶段:

(1)技术追赶阶段(2000—2010):企业以逆向工程和规模扩张为主导,但面临知识产权纠纷频发困境。

(2)战略升级阶段(2011—2020):"一带一路"倡议推动能力建设转向技术标准输出与本地化运营。

(3)生态构建阶段(2021年至今):企业聚焦数字生态与规则共创。

动态能力理论、投资发展周期理论与制度基础观构成互补框架:发展阶段决定投资规模层级,制度距离框定风险阈值,动态能力则赋能企业跨越风险边界。三者协同为中国企业"走出去"提供了从宏观规律到微观行动的全景式理论支撑,揭示了其从技术追随者向规则制定者的战略跃迁路径。

四、对外投资的动因

对外投资对于我国经济的长远发展具有重要的战略意义,是提升生产效率和推动经济高质量发展的重要途径。首先,随着全球化进程的不断推进,国际资本流动的加速使得各国经济相互交融,市场竞争日益激烈。在这样的背景下,积极参与国际资本流动已成为我国企业提升竞争力的重要手段。通过对外投资,我国企业不仅能够拓展国际市场,进入更广阔的商业领域,还可以通过与国际先进企业的合作,获取先进的技术和管理经验。这种国际化的经营模式有助于我国企业在全球价值链中占据更有利的位置,从而推动国内产业的升级和转型,提升整体经济的竞争力。其次,对外投资为我国优化资源配置提供了重要途径。我国是一个资源相对匮乏的国家,尤其在能源和某些原材料领域,国内资源的有限性对经济发展构成了一定的制约。通过对外投资,我国可以有效获取国外的自然资源,尤其是在资源丰富的国家进行投资和合作,不仅可以确保资源供应的稳定性,还能降低对单一市场的依赖,从而增强经济的抗风险能力。此外,对外投资还可以帮助我国吸引和培养国际化的人才,提升技术水平,推动相关产业的技术进步和创新能力的提升。同时,对外投资也为我国解决国内某些行业的产能过剩问题提供了新的思路。随着国内经济的快速发展,部分行业出现了产能过剩的现象,导致市场竞争加剧和资源浪费。通过将过剩产能转移到国外市场,不仅可以减轻国内市场的压力,还能提高企业的国际竞争力,实现资源的合理配置和有效利用。这种产业的国际化转移有助于我国产业结构的优化升级,进一步提高经济效益和市场竞争力。

与此同时,对外投资对于平衡国际收支、化解外汇储备风险也具有重要作用。近年来,随着我国对外贸易的持续增长,外汇储备不断增加,如何有效利用这些外汇资金成为一个重要问题。通过对外投资,我国不仅可以增加外汇使用的渠道,还能通过国际经营活动获取收益,从而提高外汇资金的使用效率和收益水平,增强经济的稳定性和可持续性。总之,对外投资不仅是我国应对全球化挑战的一种战略选择,更是推动国内经济结构优化、提升国际竞争力的重要手段。通过积极的对外投资活动,我国可以更好地融入全球经济体系,实现资源的优化配置和经济的可持续发展。对外投资为我国经济的长远发展提供了新的动力和机遇,是我国实现高质量发展的重要途径和必然选择。

五、对外投资中的法律关系

企业的对外投资活动主要包括了三种类型的法律关系,分别为投资者与母国的法律关系、投资者与东道国的法律关系、母国与东道国的法律关系。

投资者与母国的法律关系属于母国的国内法律关系,这种关系主要体现为母国政府对企业的监管、支持与保护措施。在我国,这方面的法律制度包括境外投资审批制度、境外投资保险制度、外汇管理法规和反垄断法律制度等。境外投资审批制度是我国政府对企业进行境外投资的准入管理,通过审批程序确保投资项目符合国家的战略利益和政策导向。境外投资保险制度则为企业在境外投资中可能面临的政治风险、经济风险提供保障,帮助企业规避和应对不确定性。外汇管理法规涉及资金的跨境流动,确保资金使用的合法性和合规性。反垄断法律制度则确保企业在境外投资过程中不涉及垄断行为,维护公平竞争的市场环境。

投资者与东道国的法律关系属于东道国的国内法律关系。根据国家主权理论,允许外国投资者进入境内投资并非东道国的义务,因此东道国有权对投资者的投资和经营活动进行规定和制约。这种法律关系的复杂性在于各国法律制度的差异性和政策的多变性。东道国一般会根据自身的经济发展需要和政策导向,制定相应的法律法规来管理外国投资。这些规定通常集中在准入标准、反垄断、国家安全审查、环境保护、劳动保护等方面。此外,许多国家为了吸引外资,促进本国经济发展,也会对外国投资者提供一定的优惠政策,如税收减免、投资补贴等。这种法律关系要求投资者在进行跨国投资时,必须对东道国的法律环境进行详细的了解和分析,以确保投资活动的合法性和有效性。

母国与东道国的法律关系属于国际法律关系,主要通过双边投资协定、多边投资协定和区域投资协定等国际法上的条约与协定来体现。这些协定为投资者提供了一个相对稳定和可预见的法律环境,减少了跨国投资中的不确定性和风险。双边投资协定通常涉及投资保护、争端解决、投资促进等方面的内容,为投资者提供法律保障和争端解决机制。多边投资协定和区域投资协定则涉及更广泛的经济合作和法律框架,促进区域内的经济一体化和投资便利化。

第二节 国内外相关研究综述

近年来,全球地缘政治重构与数字技术革命深刻重塑跨国投资法律风险的研究范式,国内外学者在理论深化、风险类型化及治理工具创新方面取得显著进展。

一、已有研究成果总结

20世纪90年代中后期,随着海外投资浪潮的兴起,针对海外投资问题的相关理论也逐渐丰富,尤其是在以美国为首的发达国家,学者的相关研究已经形成理论与实证相结合的成熟体系,这为本书的研究提供了坚实的理论基础。其中比较有代表性的是美国学者韦斯顿(J. Fred Weston)等人合著的 *Takeovers, Restructuring, and Corporate Governance* 一书中提出的关于投资的几个理论,其中包括效率理论(efficiency problem)和市场势力理论(market power)、信息信号理论(information and signal)、代理理论(agency)。此外,另外两位美国学者费尔德曼(Mark L. Feldman)和斯普拉特(Michael F. Spratt)在 *Five Frogs on a Log: A CEO's Field Guide to Accelerating the Transition in Mergers, Acquisitions and Gut Wrenching Change* 一书中分析

第一章 相关理论基础及研究综述

了对外投资失败的成因,并提出了解决方法。

在我国,对外投资的相关研究虽然起步较晚,但发展迅速,并且逐渐朝着体系化、成熟化的方向发展。其中,余劲松的《国际投资法》《跨国公司法律问题专论》为海外投资的研究提供了重要的理论基础。史建三的《跨国并购论》、廖运凤的《中国企业海外并购》和漆彤的《跨国并购的法律规制》等著作,分别从相关概念、理论来源、理论框架、理论创新等方面对海外并购的理论研究进行了进一步的细化和深入。在实务方面,全球并购研究中心编写的《中国并购报告》,对我国的并购案例进行了总结和介绍,使得理论的研究更为便利。近年来,段爱群在《跨国并购原理与实证分析》中进一步基于中国—东盟投资数据构建了风险收益模型,为区域化投资提供了定量分析工具。

针对海外投资的法律风险问题,国内外的研究也日益丰富。首先,针对法律风险的分类,徐印华提出,按照法律风险发生地点的不同,可以将法律风险分为国内风险和国外风险,其中国内风险主要源于国内的法律制度和企业的自身实力的缺陷;国外风险则源于反垄断、国家安全审查、劳工问题、环境保护、知识产权侵权等法律问题。涂兴万在《中小企业海外油气矿业投资十大法律风险》中指出,非洲国家[如刚果(金)]近年来的资源国有化政策导致矿业权争议激增,这进一步验证了徐印华关于"国外风险高于国内"的论断。对此,巴曙松还提出国外的法律风险往往高于国内,因此企业在进行海外投资时更需要安全保障。于桂琴从法律风险的成因出发,提出了九种基本的法律风险形式,包括收购、市场管理、反垄断、知识产权、环境保护、市场运行、企业腐败、违反合同和劳工保护等法律风险类型。其次,针对法律风险发生的阶段,何平平提出,海外投资的法律风险会伴随整个投资活动,而且企业的经济活动越频繁,风险发生的概率就越大。此外,针对法律风险的特点,一些学者通过自己的研究提出了法律风险的防范原则,如慎重选择目标企业、注意东道国的经济环境、建立企业内部的法律顾问制度、加强与东道国的磋商等。柴裕红与瞿子超在《我国企业海外投资中的数字经济法律风险与应对》中补充了新兴风险类型,强调欧盟《数字市场法》(DMA)和印度《个人数据保护法》对数据合规的要求,建议企业设立数据合规官以应对跨境数据流动壁垒。

国外针对海外投资的法律风险问题的研究相比国内历史更为悠久,研究成果主要集中在法律风险的识别和防范两个方面。比较知名的著作有亚历山德拉·里德·拉杰科斯的《并购的艺术》系列丛书,这一系列书籍以并购交易全过程为线索,对并购前、并购中和并购后的法律风险分别进行了梳理。

此外,还有许多学者提出了重视专业人才、加强商业组织的力量、积极利用外交和行政手段等风险防范建议。何志鹏与崔鹏在《涉外法治斗争的战略勇气与战术设计——以应对海外投资法律风险为视角》中提出"法律工具箱"概念,主张通过 WTO 争端解决机制反击东道国歧视性审查(如印度对中资光伏企业加征关税),并利用国际仲裁(如 ICSID)索赔政治风险损失,为法律风险防范提供了系统性国际法工具。

针对具体的法律风险类型,例如海外投资审批制度、反垄断和国家安全审查等问题,也已经形成相对完整的研究体系。

在海外投资审批制度的法律问题方面,余劲松与陈正健的《中国境外投资核准制度改革刍议》对我国的境外投资审核制度进行了深入的分析,提出了现有制度所存在的问题。陈正健的《论中国涉外投资法制的新格局》对我国投资审批制度改革的新情况、新进展进行了总结,还把海外投资审批制度放入我国涉外投资法治建设的大格局

第一章　相关理论基础及研究综述

之中加以论证。陈业宏的《论完善中国海外投资审批制度》和梁开银、卢荆享的《论中国海外投资监管立法的完善》则在分析中国现有制度缺陷的同时,结合其他国家立法与实践的经验,对中国的海外投资审批制度提出了明确审批目的,建立统一的审批机构,加强事后监管等改进意见。杨鸿在《美国外资国家安全审查制度的最新改革:对我国影响的评估及其应对》中对比美国 CFIUS 2022 年新规(聚焦关键技术清单),建议中国建立动态审查目录以覆盖半导体、量子计算等战略性领域。

在反垄断的法律问题上,许多国家早已形成完备的反垄断理论体系,并建立了行之有效的反垄断法律体系。以美国为例,其中最具代表性的就是以贝恩(J. S. Bain)、凯夫斯(R. E. Caves)为代表的哈佛学派和以博克(R. H. Bork)、德姆塞茨(H. Demsetz)为代表的芝加哥法学派。美国已形成以《谢尔曼法》(Sherman Act)为中心,以《克莱顿法》(Clayton Act)、《罗宾逊—帕特曼法》(Robinson-Patman Act)和《塞勒—凯弗维尔法》(Celler-Kefauver Act)为补充的反垄断法律体系。美国学者理查德·波斯纳(Richard A. Posner)所著的《反托拉斯法》(Anti-Trust Law)对美国的反垄断法理论、起源、发展、现状等内容做了详细的介绍。针对反垄断法对我国海外并购的影响这一问题,我国学者的观点比较集中,大多主张我国企业应该通过加强对东道国反垄断法律体系了解提高海外并购的成功率,张劲松的《试论对国际性并购的法律管制》、徐伟敏的《企业合并的反垄断控制若干问题的思考》都体现了这一观点。在这一观点的基础上,还有一些学者提出了新的具体应对措施,如许宁宁在《美国企业跨国并购反垄断法研究》中提出了"效率抗辩"的理论,主张我国企业在跨国并购中充分利用效率抗辩,维护合法权利。何力还在《中国海外投资战略与法律对策》中提出了努力赢得企业所在国国家层面支持、创造良好并购氛围、增强国际公关意识等具体建议。于丽萍在《反垄断视阈下中国企业对俄投资的法律风险及应对》中补充了俄罗斯《反垄断法》修订后的新挑战,强调中资能源企业需剥离市场支配业务(如炼化项目)以符合东道国监管要求。

在国家安全审查的法律问题上,漆彤在《跨国并购的法律规制》一书的跨国并购的投资政策规制部分对国家安全审查制度作了分析。胡海燕的《外资并购国家安全审查:美国的立法对我国的启示》和张举胜的《美国外资并购国家安全审查制度研究》都以美国的国家安全审查制度为范本,利用理论研究与实证分析相结合的方式,对国家安全审查制度的制度设计、理论来源等内容做出了分析与评价。杨鸿在《美国外资国家安全审查制度的最新改革:对我国影响的评估及其应对》中对美国外资并购国家安全审查制度的新发展和美国2007年的立法修改做出了介绍。美国国内关于这一问题的研究更为完整和深入。其中,马克海姆(Daniella Markheim)在"The Need for CFIUS Reform to Address Homeland Security Concerns"一文中详细介绍了CFIUS的职能及其在美国国家安全审查制度中所扮演的重要角色;格雷厄姆(Edward M. Graham)和马奇克(David M. Marchick)撰写的 US National Security and Foreign Direct Investment 则全面介绍了这一制度与海外并购之间的关系,是针对这一问题的专著。余桂荣在《中国与东盟国家战略性矿产资源产业链供应安全合作研究——以法律风险为视角》中进一步指出,印尼镍矿出口禁令等产业链本地化政策加剧了国家安全审查与供应链安全的矛盾,建议通过中国—东盟自贸区升级协议构建风险缓冲机制。

二、已有研究成果评述

通过对国内外已有研究成果的系统梳理,可以发现企业对外投资

第一章 相关理论基础及研究综述

法律风险研究呈现出"起步较早、发展迅速、成果丰富但存在局限"的特点。从研究发展脉络来看,20世纪90年代中后期,以美国为代表的发达国家学者率先构建了较为完整的理论体系,形成了效率理论、市场势力理论、信息信号理论和代理理论等基础理论框架。这些理论为后续研究提供了重要的分析工具和理论基础。进入21世纪后,随着经济全球化进程加快和跨国投资活动日益频繁,相关研究逐步向纵深发展,研究视角从单纯的经济效益分析扩展到法律风险防控、政治风险评估等多个维度。特别是2008年国际金融危机后,国际投资环境发生深刻变化,促使学者更加关注投资安全与风险防范问题。

然而,现有研究仍存在若干明显不足。首先,理论研究的系统性和针对性有待加强。虽然国内外学者从不同角度对海外投资法律风险进行了探讨,但大多停留在宏观层面,缺乏对特定区域、特定行业的深入分析。特别是在"一带一路"倡议背景下,针对沿线国家特殊法律环境的研究相对匮乏。其次,研究方法较为单一,理论研究与实践应用脱节现象突出。多数研究局限于文献分析和理论推演,缺乏对典型案例的深入剖析和实证研究,导致研究成果的实用性和可操作性不足。再次,研究视角相对狭窄,跨学科研究不足。现有研究多从法学或经济学单一学科出发,缺乏法学、经济学、管理学等多学科交叉融合的研究视角,难以全面把握海外投资法律风险的复杂性和多样性。最后,研究内容的时效性有待提升。面对国际投资规则的新变化和新趋势,如数字贸易规则、数据跨境流动规制等新兴领域的法律风险研究明显滞后。

展望未来,中国企业"走出去"法律风险研究需要在以下几个方面深化和拓展:第一,加强基础理论研究,构建具有中国特色的海外投资法律风险理论体系。在借鉴国际经验的基础上,结合中国企业的实际情况,探索符合中国国情的理论框架和分析方法。第二,注重实践导向,强化案例研究和实证分析。通过系统梳理中国企业海外投资的成功经验和失败教训,提炼具有普遍指导意义的规律和方法。第三,拓展研究视野,推进跨学科交叉研究。综合运用法学、经济学、管理学等多学科理论和方法,全面分析海外投资法律风险的成因、特征和防控机制。第四,关注新兴领域,提升研究的前瞻性和时效性。加强对数字经济、绿色投资等新兴领域的法律风险研究,为企业的国际化经营提供及时有效的理论指导。第五,深化区域国别研究,特别是加强"一带一路"沿线国家法律环境研究。通过比较研究,总结不同法系、不同发展水平国家的法律风险特征,为企业提供更具针对性的风险防范建议。第六,完善风险防控体系研究,探索建立政府、企业、专业机构协同配合的风险防控机制,研究如何发挥政府的外交保障作用、企业的风险防控主体作用以及专业机构的技术支持作用,构建多层次、全方位的风险防控体系。

第二章

我国企业"走出去"的现状分析

当前,企业"走出去"呈现多元模式:除传统绿地投资与跨国并购外,共建产业园区、技术合作、数字服务等新型模式加速涌现,尤其在新能源、数字经济、高端制造领域表现活跃。与此同时,国际环境复杂多变,单边主义、地缘政治冲突及全球供应链重构对企业海外经营提出新挑战。对此,我国企业通过深化属地化运营、加强ESG(环境、社会、治理)实践、布局区域价值链等方式增强韧性。总体来看,"走出去"已从单向资源获取升级为双向共赢合作,成为推动国内产业升级、参与全球治理的重要引擎。

第一节 我国企业"走出去"的历程

随着经济全球化的深入发展,全球不同国家、不同地区间的经济合作日益频繁。[①]"走出去"是中国企业走出国门、对外投资的总称,中国企业的"走出去"历程起步于改革开放以后,多年来历经萌芽期、发展期和成熟期三个阶段,并经历了"走出去"法律政策从粗放式管

[①] 参见龙凤等:《中国对外投资和援助中的环境保护》,载《环境保护》2009年第1期。

理到加强管制、从管制到放松管制的过程。第一阶段是萌芽期(1978—1990),以政府主导的对外援助和少量对外承包工程为主,企业自主投资较少;第二阶段是发展期(1991—2012),随着社会主义市场经济体制的建立和完善,企业逐渐成为对外投资的主体,投资领域和规模不断扩大;第三阶段是成熟期(2013年至今),在"一带一路"倡议的推动下,中国企业对外投资进入转型升级的新阶段,投资质量和效益显著提升。

在这一过程中,中国对外投资法律政策体系也经历了从粗放式管理到加强管制,再到优化监管的演进过程,为企业的国际化经营提供了制度保障。目前,中国企业的"走出去"已经进入了转型升级的新时期,中国企业正以开放的姿态逐渐走向世界舞台的中心。2018年后,全球经济格局加速调整,中国企业"走出去"面临中美贸易摩擦、全球供应链波动等多重挑战。政策层面,国家以"稳中求进"为导向,动态调整境外投资管理框架,在简化审批流程的同时强化对非理性投资的约束,引导资金流向高技术、高附加值领域。企业则加快优化全球布局,通过跨境并购整合核心技术、拓展高端市场,并在东南亚、非洲等新兴区域加大产能合作,逐步构建区域性生产网络。2021年至2023年,"双循环"新发展格局与"双碳"目标成为驱动"走出去"战略升级的核心逻辑。在政策端,国家推出《"十四五"利用外资发展规划》,明确将绿色低碳、数字经济、科技创新列为优先方向,同步完善境外合规管理体系,推动企业对标国际ESG标准。企业实践层面,新能源产业链的全球化布局加速,数字平台企业通过技术输出赋能海外市场,传统基建项目则向"智慧化""低碳化"转型。与此同时,地缘冲突加剧促使企业强化风险应对能力,通过多元化市场布局、本地化供应链建设降低系统性风险。至2024年,中国企业的国际化进程进一步向"制度型开放"深化。随着《区域全面经济伙伴关系协定》

第二章　我国企业"走出去"的现状分析

(RCEP)全面生效及共建"一带一路"进入高质量发展新阶段,企业更加注重与东道国规则对接、标准互认,推动从"资本出海"向"模式出海"跃升。人工智能、量子科技等前沿领域的技术合作成为新增长点,而绿色金融、碳边境调节机制等全球治理议题也深度融入企业战略。当前,"走出去"已超越单纯的经济合作范畴,逐步演变为技术、标准、治理能力的系统性输出,在塑造国际新秩序中彰显中国企业的创新力与引领力。

中国企业"走出去"的主要形式既包括传统的绿地投资,也包括跨国并购,其中绿地投资是企业早期对外投资最常用的形式。近年来,跨国并购的活动也日益活跃。统计数据显示,自2014年以来,中国跨国并购交易额年均复合增长率达7.1%,中国投资方主动发起的海外投资交易持续走高,无论是在数量上还是在金额方面,均呈现良好的增长态势。[①] 自"一带一路"战略构想提出以来,我国政府积极鼓励并大力支持企业实施境外投资,对境外投资相关的法律做出了有针对性的调整和修改,进一步简政放权,为企业的"走出去"提供便利。我国企业也积极响应国家"一带一路"倡议,2017年我国十大海外并购交易中就有4宗涉及"一带一路",交易总额高达472亿美元,有的交易甚至树立了中国企业对标的国家企业投资的新标杆。积极贯彻"走出去"政策,不仅有利于企业发展,而且对于消减过剩产能、促进产业升级也具有积极作用。[②] 2023年以来,中国企业"走出去"进一步向高附加值领域聚焦。2023年上半年,中国对外非金融类直接投资同比增长22.7%,其中对"一带一路"国家投资占比18.6%,

---

[①] 参见张凡、陈璐:《2017年中企海外并购漫漫求索路》,http://cn.sonhoo.com/info/1075349.html,2025年1月11日访问。

[②] 参见李艳红:《"一带一路"倡议下我国制造业海外转移对策选择》,载《改革与战略》2018年第2期。

重点流向新能源产能合作及数字贸易基础设施等领域。① 随着RCEP全面实施及"一带一路"倡议迈入新十年,企业通过"投建营一体化"模式深化属地合作,2024年海外园区建设与绿色基建项目加速落地,推动中国资本与全球创新链、产业链深度融合。

中国企业"走出去"的深入推进,不仅有利于企业自身发展,而且对于促进国内经济转型升级也具有重要意义。首先,通过对外投资,企业可以获取先进技术和管理经验,提升核心竞争力;其次,对外投资有利于推动国内产业结构调整,促进过剩产能向海外转移;再次,通过参与国际竞争,可以倒逼企业提高经营管理水平,增强创新能力;最后,中国企业"走出去",有助于培育具有全球竞争力的跨国企业,提升我国在全球价值链中的地位。然而,在取得显著成效的同时,中国企业"走出去"也面临着诸多挑战,如国际政治经济环境的不确定性增加、部分国家投资保护主义抬头、企业国际化经营能力有待提升等。因此,在新时代背景下,中国企业需要进一步优化对外投资战略,加强风险防控能力建设,推动"走出去"向更高质量、更高水平发展。

第二节 我国企业"走出去"的特点

在经济全球化深入发展的背景下,中国企业的海外投资已成为推动国际经贸合作的重要力量。近年来,相关投资活动呈现出规模持续扩张、行业与区域分布多元化、政策导向与市场驱动并存、风险挑战复杂化以及战略转型加速等特点。这些特征不仅反映了中国企业国际化能力的提升,也揭示了其在全球经济格局中角色的深刻转变。

---

① 参见《商务部:上半年我国对外非金融类直接投资同比增长22.7%》,https://movement.gzstv.com/news/detail/VEovP/,2025年8月1日访问。

第二章 我国企业"走出去"的现状分析

一、投资规模持续增长,全球化布局加速推进

数据显示,中国企业的海外投资规模实现了显著增长,2013年到2023年,中国对外直接投资存量从6604亿美元增长至29554亿美元,年均复合增长率约11%,显著高于全球平均水平。其中"一带一路"沿线国家投资贡献突出,2023年增速达31.5%。[①] 这一增长轨迹与中国经济的结构性调整密切相关:一方面,国内市场竞争加剧促使企业通过海外市场寻求新增长点;另一方面,技术进步与产业升级催生了跨国资源整合的需求。例如,当前大量制造业企业在东南亚设立生产基地,既规避了贸易壁垒,又降低了劳动力成本。

值得注意的是,投资规模的扩张并非单纯追求体量增长,而是逐步转向高质量、高附加值领域。早期以资源获取为主的模式已逐渐被技术合作、品牌并购和产业链整合所替代,这种从"量"到"质"的转变,标志着中国企业全球化战略的成熟。

二、行业分布高度多元化,新兴领域快速崛起

中国企业的海外投资已形成"传统领域主导、新兴领域突破"的行业新格局。基础设施、能源与制造业仍是核心板块,占据总投资规模的60%以上。在基础设施领域,中国企业承建的港口、铁路和电力项目覆盖亚洲、非洲及拉美地区。例如,我国在巴基斯坦建设的瓜达尔港,不仅提升了区域物流效率,还带动了周边产业园区的发展;在非洲建设的蒙内铁路,则成为东非交通网络的重要枢纽。能源领域则聚焦油气勘探与清洁能源,如在哈萨克斯坦的油田合作项目,以及在中东欧国家的风电与光伏投资,均体现了资源保障与绿色转型的

---

① 参见《【一带一路·观察】2023年中国"一带一路"投资分析》,《https://www.sohu.com/a/812260717_99947734,2025年8月1日访问。

双重目标。

与此同时,金融、科技与农业等新兴领域的投资增速显著。金融机构通过设立海外分支、参与跨境支付系统,为国际贸易提供资金支持;科技企业则通过研发中心共建、技术标准输出,推动人工智能、5G等领域的国际合作。在农业投资方面,中国企业在非洲的现代农业产业园项目,通过引入节水灌溉技术和机械化种植,显著提升了当地粮食产量。这种多元化布局不仅分散了投资风险,还通过产业链协同效应提升了整体竞争力。

三、区域布局聚焦潜力市场,政策与市场双轮驱动

从地理分布看,中国企业的海外投资呈现"以亚洲为重心、向全球辐射"的特征。亚洲地区因文化相近、经济互补性强,吸引了超过40%的投资份额。东南亚的印尼、越南成为制造业转移的热点,南亚的巴基斯坦和孟加拉国则通过基建合作实现经济联动。非洲市场凭借资源禀赋与人口红利,成为中国企业布局的重点,例如在埃及建设的苏伊士经贸合作区,已吸引上百家中外企业入驻,形成产业集群效应;在尼日利亚的炼油厂项目,则有效缓解了当地能源短缺问题。欧洲与北美市场的投资则呈现"高端化"趋势。例如,中国企业在中东欧收购汽车零部件厂商,以提升供应链自主性;在德国并购工业机器人企业,则加速了智能制造技术的引进。这一区域选择不仅基于市场潜力,更受到政策框架的深刻影响。政府通过双边自贸协定、多边开发银行等机制,为企业提供税收优惠与融资支持。例如,中国—东盟自贸区的升级版协定,降低了区域内关税壁垒;亚投行的项目融资则覆盖了中亚多个交通枢纽建设。政策与市场的协同作用,为企业海外扩张提供了双重保障。

四、风险挑战复杂化,合规管理成核心议题

随着投资规模扩大,中国企业面临的风险从单一的经济问题转向政治、法律与文化等多维度挑战。政治风险在部分发展中国家尤为突出,例如,政权更迭导致的政策反复,使基建项目被迫搁置;地缘冲突则可能威胁人员与资产安全。法律风险则体现在制度差异上:欧洲严格的环保法规、拉美国家的劳工保护政策,均可能推高合规成本。此外,腐败风险在营商环境欠佳的地区依然存在,个别项目因招投标环节的权钱交易引发国际诉讼,对企业声誉造成严重损害。为应对这些挑战,中国企业逐步构建了多层次风险管理体系。首先,通过引入国际第三方机构开展尽职调查,全面评估东道国的政治稳定性和法律环境;其次,建立内部合规部门,确保经营活动符合《联合国反腐败公约》及东道国法规;最后,通过本土化策略融入当地社会,并通过教育、医疗等公益项目提升社区认同。这些措施不仅降低了运营风险,还为企业赢得了长期发展的社会资本。

五、战略转型加速:从规模扩张到可持续发展

当前,中国企业的海外投资正经历从"粗放式扩张"向"精细化运营"的战略转型。绿色投资成为新趋势,例如在东南亚建设的智慧城市项目集成可再生能源技术,在非洲参与的"绿色长城"计划通过植树造林改善生态并创造就业。数字化转型则通过跨境电子商务、数字支付等新模式,重塑全球供应链。此外,社会责任与品牌建设被纳入战略核心。企业在海外投资中更加注重环境、社会与治理(ESG)标准,例如在东南亚矿业项目中采用国际认可的环保开采技术,在中东建筑项目中保留当地文化遗产。这些实践不仅回应了国际社会的期待,而且为中国企业树立了负责任的全球形象。

第三章

我国企业"走出去"的法律风险分析

第一节　来自母国的法律风险

扩大海外市场是中国企业"走出去"的直接驱动力之一。随着国内市场的竞争加剧和增长放缓,许多企业将目光投向国际市场,以寻求新的增长机会。通过海外并购,企业可以迅速进入目标市场,获得当地的市场份额和客户资源。这不仅有助于企业扩大其全球影响力,还能通过全球市场的多元化降低单一市场波动带来的风险。获取核心技术是中国企业进行海外并购的另一个重要原因。在全球化的竞争环境中,技术创新是企业保持竞争优势的关键。中国企业通过并购国外的高科技公司,可以快速获得先进的技术和研发能力,从而提升自身的技术水平和产品竞争力。这种技术获取不仅有助于企业自身的发展,也推动了整个国家科技水平的提升。此外,减少贸易摩擦也是企业"走出去"的潜在优势之一。通过在目标国家进行直接投资和设厂生产,企业可以避开一些贸易壁垒,如关税和配额限制,从而降低进入国际市场的成本。这种策略有助于缓解双边贸易摩擦,促进更为顺畅的国际贸易关系。

然而,海外投资并非没有风险。首先,国有资产流失是其中一个

第三章 我国企业"走出去"的法律风险分析

主要的担忧。由于许多进行海外并购的企业是国有企业,投资失败可能导致国有资产的损失。其次,资本外逃也是一个潜在风险。大量资本流出可能影响国内的资本供给和金融稳定,尤其是在国内经济面临下行压力时。最后,国际收支不平衡也是一个需要关注的问题。大量的对外投资可能导致资本账户的赤字,从而影响国家的外汇储备和经济稳定。鉴于这些潜在的风险,海外并购不仅是企业的经济决策,还与国家利益密切相关。企业与投资母国的关系主要体现在母国政府对企业海外投资活动的监管和保护上。

一、我国境外投资审批制度概述及历史沿革

海外投资审批制度,是指资本输出国政府依据一定的规则对本国的资本输出进行审查,并决定是否给予许可的一种制度。[①] 自改革开放以来,随着我国经济体制的改革和变迁,我国境外投资审批制度形成了初步构建、发展、调整和深入发展四个阶段:

(一)初步构建阶段:1979年至1991年

随着改革开放的浪潮,1979年8月,国务院颁布了15项经济改革措施允许出国办企业,我国国内企业开始走出国门尝试境外投资。[②] 当时的经济改革措施虽然允许对境外进行投资,但将条件控制得十分严格,投资主体只限于一些中央部委级企业以及个别省、直辖市的企业。[③]

改革开放的进一步发展逐渐增强了我国国内的经济实力与竞争

---

① 参见陈业宏:《论完善中国海外投资审批制度》,载《中南民族大学学报(人文社会科学版)》2002年第6期。
② 参见崔新健主编:《中国利用外资三十年》,中国财政经济出版社2008年版,第229—230页。
③ 参见罗向晗:《完善我国境外投资审批制度的法律思考》,载《福建金融管理干部学院学报》2006年第1期。

优势。与此同时,对于境外投资方面,国内企业也在实践中不断积累了丰富的经验,政府对境外投资主体范围与管制已不如之前严格,境外投资规模有所扩大,投资领域进一步拓展,投资主体的企业类型也呈多元化增加。① 1983 年,我国对外非贸易性合资审批主管部门确定为对外经贸部,并且明确规定了其审批程序权限。1991 年颁布的《国家计划委员会关于加强海外投资项目管理的意见》扩大了对外投资主体范围,也确定了主管审批海外投资项目的部门以及具体的审批条件。② 由此可见,在初步构建时期,我国政府对企业对外投资的态度基本遵循了严格审查批准的管理模式。

(二) 发展阶段:1992 年至 1998 年

随着我国改革开放的势头愈来愈猛烈,国内大批投资者开始陆陆续续走出国门向国外投资。然而,我国境外投资由于存在盲目性,比较分散且缺乏集中性,因此发展并不顺利,投资失败严重亏损、资本外逃、国有资产流失等现象时有发生。对此,我国决定对海外投资进一步加强管理,对其投资规模进行严格控制。1992 年颁布实施的《对外经济贸易部关于在境外举办非贸易性企业的审批和管理规定》规定了境外投资的两步审批模式,先后对境外投资的立项与项目的可行性研究报告和合资企业合同进行审批,二者都审批通过后才允许

---

① 参见董彦岭:《我国境外投资促进体系的制度演进分析:1979—2009》,载《经济与管理评论》2012 年第 3 期。

② 该意见规定:"海外投资项目的审批权限,暂按以下规定试行:凡需向国家申请资金或境外借款需国内担保或产品返销国内需国家综合平衡以及中方投资额在 100 万美元以上(含 100 万美元)的项目,其项目建议书和可行性研究报告由国家计委会同有关部门审批;合同、章程由经贸部审批并颁发批准证书。中方投资额在 3000 万美元以上(含 3000 万美元)的项目,其项目建议书和可行性研究报告由国家计委会同有关部门初审后报国务院审批。中方投资额在 100 万美元以下符合当前到海外投资的方针,资金、市场等不需要国家综合平衡解决的,其项目建议书、可行性研究报告以及合同和章程,可比照限额以上项目的审批办法,分别由国务院各部门和省、自治区、直辖市及计划单列市人民政府指定的综合部门审批。项目建议书和可行性研究报告要报国家计委备案,合同、章程要报经贸部备案,并由经贸部审核颁发批准证书。"

企业境外投资。① 1993年,国务院发布了暂停相关境外投资活动的通知——《国务院关于暂停收购境外企业和进一步加强境外投资管理的通知》,并决定今后加强对我国企业对外投资的审批管制。该通知目的在于控制外汇流出,发展国内经济。在这一阶段,国家虽然有计划地对部分相关境外投资活动的管控放松,但总体上依旧遵循严格审批的管理模式,并且在某种程度上加强了审批管理。

(三) 调整阶段:1999年至2014年

1999年,《关于鼓励企业开展境外带料加工装配业务的意见》出台,标志着我国政府对对外投资的审批管理程度有所放松,为企业对外投资带料加工装配业务项目规定了较松于其他项目的审批程序。

随着2001年我国加入世界贸易组织,投资国际化的进程也逐渐加快,日益凸显出我国境外投资审批制度滞后,难以适应迅猛发展的境外投资势头之要求的弊病。对此,国家决定逐步放松境外投资管制,简化审批程序。我国境外投资的审批制度逐渐转向全面核准制的制度模式。

国务院经过了一系列对境外投资审查批准权限进行改进放松的改革试点之后,于2004年颁布了《关于投资体制改革的决定》,决定对我国当前的投资体制进行重大改革,这有效改进了境外投资的审批管理制度,充分赋予并保障了国内企业境外投资自主权。附件《政府核准的投资项目目录(2004年本)》最先明确了需要政府核准或予以备案的境外投资项目范围。② 随后,国务院颁布了一系列规定境外

---

① 参见《对外经济贸易部关于在境外举办非贸易性企业的审批和管理规定》第8条。
② 《政府核准的投资项目目录(2004年本)》之"十三、境外投资"规定:"中方投资3000万美元及以上资源开发类境外投资项目由国家发展和改革委员会核准。中方投资用汇额1000万美元及以上的非资源类境外投资项目由国家发展和改革委员会核准。上述项目之外的境外投资项目,中央管理企业投资的项目报国家发展和改革委员会、商务部备案;其他企业投资的项目由地方政府按照有关法规办理核准。国内企业对外投资开办企业(金融企业除外)由商务部核准。"

投资核准项目的部门规章等,对境外投资核准事项进行细化,确立了以商务部与国家发展改革委为主导的境外投资管理部门的核准制。

随着我国行政体制制度改革的深入实施和境外投资规模不断增强,我国进一步决定对境外投资审批制度进行改革。《关于2009年深化经济体制改革工作意见的通知》中提出,国务院各部门要以深入推动境外投资审批制度改革为目标,以最大程度便利境外投资为导向,推动制定规范和便捷境外投资管理的相关政策。接着,2014年4月国家发展改革委发布《境外投资项目核准和备案管理办法》,2014年9月商务部颁布《境外投资管理办法》,对海外投资项目的核准权限进一步下放。据统计,到2014年年底,我国有1.85万家境内投资者在国(境)外设立对外直接投资企业2.97万家,分布于全球186个国家和地区。①

(四)深入发展阶段(2015年至今)

2017年8月,国务院办公厅印发《关于进一步引导和规范境外投资方向的指导意见》(国办发〔2017〕74号),首次以"负面清单"形式对境外投资实施分类监管。文件明确将房地产、酒店、影城、娱乐业、体育俱乐部等列入限制类清单,要求主管部门严格审核相关项目;同时鼓励企业投向高端制造、高新技术、基础设施合作等"实体经济"领域,并支持与东道国共同推进产能合作。政策通过"疏堵结合"引导资本流向,遏制此前因盲目并购导致的资产泡沫风险。

商务部数据显示,2023年新兴领域投资占比达47%,备案通过率提升至91%,对外直接投资存量突破1.8万亿美元,覆盖全球190个国家和地区。至此,中国境外投资管理形成"备案便捷化、监管精

---

① 参见侯文平:《中国对外直接投资的现状和问题分析》,载《科学·经济·社会》2016年第3期。

准化、风险可控化"的成熟框架,为全球产业链重构提供中国方案。

这一转变顺应深化体制机制改革方向,与我国政府简政放权,实施社会主义市场经济的大背景相适应,能充分发挥企业经营自主权,适应我国目前实际经济发展需要,吸引外资,促进境外投资的良好发展,更好地把投资决策和博弈还给企业和市场。[①]

二、现行境外投资审批制度尚存的问题

新时代以简化程序为基调、以备案制为主取代核准制的境外投资管理体制改革方案已基本明确,但目前审批管理制度仍然存在一些问题。

(一)审批立法体系不健全

首先,缺乏统一的《境外投资法》。对于境外投资的管理,最高立法机关还未制定一部具有基础性、统一性的法典,亦缺乏系统协调的行政规章体系,不利于各个境外投资主体之间权利保障和义务责任的有效规制,不利于我国境外投资的良性发展。

其次,立法层次偏低,立法权限不明。纵观现行境外投资立法,我们会发现立法位阶普遍不高,大都为国务院部门制定实施的相关立法,即法律位阶只为部门规章一级,剩余行政规范性文件居多。以法律层级和法律效力较低的部门规章为主要依据的低层次立法现状,使得我国境外投资审查法制难以形成统一体系,并且缺少权威性和稳定性。

最后,由于缺失顶层设计的规范和引领,这些有关境外投资的部门规章多而散乱,各法规规章之间难免存在相互矛盾的地方。某些领域一方面存在管理真空,另一方面又互有重叠,甚至存在冲突,政

[①] 参见李俊杰:《中国境外投资审批制度的演变》,载《清华金融评论》2015年第11期。

策缺乏清晰性、稳定性和严谨性。具体制度未能与海外利益延伸同步发展,存在重内轻外、重监管轻保障、重双边轻多边等问题,与海外投资需求脱节。①

(二)审批制度不合理

1. 管理模式分散低效

对于我国境外投资审批制度,有的学者总结为多元审批、分级管理的制度模式。② 现行的境外投资审批制度是由多个政府部门相互配合施行的,主导部门为国家发展改革委与商务部,还有外管局、国资委等多部门联合管理,职能分散。境外投资审查具有连续性,这种分部门分权审核的模式,使得审查的流程烦琐、期限较长,且不同主管部门之间的职能存在交叉,在现实操作过程中存在审查内容重叠、行政资源浪费的问题。

在多元审查模式下,没有部门对海外投资进行统一审查,不仅不利于我国政府对外投资的宏观调控,也容易导致审查部门的职能交叉分配和低效率。此外,这也会导致境外投资者不容易把握多个审查部门的各自审查权限,可能因错失良好投资机会而打击投资者进行境外投资的积极性和主动性,其合理性备受质疑。③

2. 审批程序复杂烦琐

我国现行境外投资审批需要多级多部门配合审查的模式,导致了审批程序上的复杂烦琐。根据一个企业的投资规模经过的审批层级的不同,一个企业的境外投资项目类别影响其审查部门的不同,涉及国有资产项目的境外投资还需国资委审核,并且各个部门都有各自

---

① 参见吕岩峰、冯德恒:《完善中国海外投资法律制度的思考:中美比较的视角》,载《云南社会科学》2016年第6期。
② 参见余劲松、陈正健:《中国境外投资核准制度改革刍议》,载《法学家》2013年第2期。
③ 参见连瑞南:《境外投资审批改革进展和展望》,载《国际工程与劳务》2015年第1期。

的审批程序与标准。审批程序的复杂烦琐加重了投资者的境外投资负担,容易影响境外投资的积极性。例如,根据国家发展改革委和商务部的有关规定,国家或省发展改革委批准资源开发项目的海外发展;当地企业对海外能源和矿产的投资,有必要向省商务主管部门申请批准。因此,如果要在资源开发方面进行海外投资,当地企业需要向省商务厅和发展改革部门申请投资审批;若想进行资源开发类的境外投资,地方企业需要就该项投资向省级商务主管部门与发展改革部门申请核准。这种双重核准现象是不合理的,不利于政府对其实行统一管理,导致政府资源分配的浪费。此外,它也增加了海外投资者的投资成本,不利于海外投资体系的发展。《境外投资管理办法》所确定的"备案为主、核准为辅"的管理机制,在很大程度上是对该双重审批程序的一种改善。[1]

3. 境外投资主体的范围过窄

我国现行法律规定外国投资有三个主要要求:其一是具有法律主体地位,即经有关部门审核批准成立并登记注册;其二是经营资本充足,即拥有充足外汇资金,保证能满足境外投资资金需求;其三是人员要求,即企业内部需有具备专业技术的人员。[2] 由此可见,满足以上三项要求的海外投资主体只有企业经济实体,非企业法人组织、个人等市场主体被排除在外。这一规定不满足我国签订的双边投资保护协定中的要求,对私人投资构成限制,对主体结构的优化也会产生不良影响。

2013年《中共中央关于全面深化改革若干重大问题的决定》中就

---

[1] 参见徐晗冰:《民营企业对外投资法律支持体系研究》,载《特区经济》2017年第7期。
[2] 参见陈业宏:《中国海外投资法律问题研究》,湖北人民出版社1998年版,第30页。

已经提出允许将自然人作为海外投资主体中的一员①，加强个人的海外投资主体地位。虽然 2014 年《境外投资项目核准和备案管理办法》中规定了对于自然人境外投资项目，可参照本办法规定另行制定具体管理办法，但目前并没有专门立法对其作出具体规定。2017 年《企业境外投资管理办法》调整对象包括了我国自然人对外间接投资，即通过其控制的境外企业进行投资，但不适用其直接实施境外投资项目。② 2023 年，国务院印发《关于在有条件的自由贸易试验区和自由贸易港试点对接国际高标准推进制度型开放的若干措施》，明确允许在试点地区工作或生活的个人依法跨境购买境外金融服务。

实际上，很多非法人经济组织、个体工商户在小规模投资中具有灵活性的优势，可以成为我国境外直接投资的主体。随着"一带一路"战略的推进，将有更多的其他主体参与海外投资，因此还需在实践中不断完善以应对新形势的需要。

（三）审核内容缺乏科学性

1. 审批条件不够妥当

为了吸引外国投资，我国将外国投资业分为鼓励、允许、限制和禁止的类别。与此相比，目前我国对外直接投资的审查只是一个允许的审查，并不反映对行业的鼓励、限制和禁止，区域定位和风险控制具有笼统性，审批条件没有进行细化。

我国海外投资以能带动我国设备、材料和技术出口，为国家增加

---

① 2013 年《中共中央关于全面深化改革若干重大问题的决定》之"七、构建开放型经济新体制"规定："……扩大企业及个人对外投资，确立企业及个人对外投资主体地位，允许发挥自身优势到境外开展投资合作，允许自担风险到各国各地区自由承揽工程和劳务合作项目，允许创新方式走出去开展绿地投资、并购投资、证券投资、联合投资等……"

② 2017 年《企业境外投资管理办法》第 63 条规定："境内自然人通过其控制的境外企业或香港、澳门、台湾地区企业对外开展投资的，参照本办法执行。境内自然人直接对境外开展投资不适用本办法。境内自然人直接对香港、澳门、台湾地区开展投资不适用本办法。"

第三章 我国企业"走出去"的法律风险分析

外汇收入,能扩大我国对外承包工程和劳务合作,能引进先进技术和管理方法,能较长期稳定地为国内提供需要和短缺的原材料或产品等①为前提,但是只反映出本国境外投资的优势。这些条件具有很强的原则性的规定,没有反映出本土化即本国境外投资的特征,没有反映出不同投资产业的特点结构与行业优势,而是笼统地将不同行业都一致按照同一标准审查,没有根据行业产业结构的不同为其分类并划定相应的投资区域特殊管理,不适应跨国投资。除此之外,没有考虑到我国目前境外投资的主要任务即兼顾出口贸易规模与获得外国本土生产的原材料,还未在经济全球化的大趋势背景下制定出本国的境外投资项目审批条件和规划,未能反映鼓励国际投资者在国际上分配资金并实现跨国一体化的目标。

2. 采用肯定式列举限制境外投资

我国《企业境外投资管理办法》中将境外投资活动进行了肯定式列举,包括:获得境外土地所有权、使用权等权益;获得境外自然资源勘探、开发特许权等权益;获得境外基础设施所有权、经营管理权等权益;获得境外企业或资产所有权、经营管理权等权益;新建或改扩建境外固定资产;新建境外企业或向既有境外企业增加投资;新设或参股境外股权投资基金;通过协议、信托等方式控制境外企业或资产。虽然规定说明是不限于上述类型,但是采取此类肯定式列举的方式,与一些发达国家和地区限制清单目录的做法相比,我国在一定程度上限制了境外投资,也降低了境外投资的可预见性和透明度。②

三、域外投资审批制度的经验考察

在经济全球化背景下,各个国家在境外投资中都扮演着不同的角

---

① 参见《对外经济贸易部关于在境外举办非贸易性企业的审批和管理规定》(1992年3月23日实施)第4条。
② 参见李锋:《我国对外直接投资政策研究》,载《全球化》2016年第10期。

色,发挥着各自的作用,考察域外境外投资审批制度经验并向其学习借鉴,有利于我国境外投资的进一步良好发展,也能更好实施我国的"走出去"战略。

(一)审批机关

我国尚未设置统一的境外管理机构,但在经济发达的国家和地区,通常是由法律规定一个专门的管理机构进行管理,或是政府某个部门或是委员会或是国家银行等。例如,美国对境外投资的管理设有专门机构,即海外私人投资公司(OPIC);欧盟采用的监管方式是监管体系一体化,即包括国家内部一体化以及在合作基础上的各国协调一体化[1];韩国的做法是设置一个统一的对外直接投资审批机关,即韩国银行,具体负责对外投资审批事项的部门是该银行下设的"海外投资审议委员会";[2]智利则是将本国境外投资主管部门授予给中央银行。[3]在国际经验借鉴方面,2022年海南自贸港率先探索"境外投资综合服务中心",参照韩国银行模式,集成项目备案、外汇登记、合规咨询等职能。不过,全国层面尚未设立类似美国OPIC的单一管理机构,仍维持由商务部负责备案、国家发展改革委核准敏感项目、外汇局监管资金流动的分工框架。

(二)审批标准

1971年后,日本政府开始放松境外投资管制:对于投资额低于100万美元的项目,以及日资占比超过50%或日资占比在25%—50%之间但由日方派出管理人员的项目,取消需日本银行审批的要求(个别限制类项目除外)。1972年以后,日本政府授予日本银行更大的审查权限,即除了限制对外投资项目外,日本银行有权对其余对

---

[1] 参见胡海:《中国对外投资保障制度国际比较与借鉴》,载《河南社会科学》2017年第12期。
[2] 参见谈萧:《韩国海外投资法制评析与启示》,载《国际贸易问题》2006年第9期。
[3] 参见曾华群主编:《国际投资法学》,北京大学出版社1999年版,第102—122页。

外直接投资项目自动审批。韩国的审批模式为限制目录单制度,除该限制目录单之外的投资项目都允许进行对外投资,并且根据投资规模的不同分别适用不同的审批方式,如以1000万美元与5000万美元为分界点分别适用投资自动许可制度、通知制度与审批制度。[①]

(三) 审批程序

只需单一部门进行审批的审查程序较为简单。根据投资金额和其他相关因素,韩国银行审查对外直接投资的程序分为三种情况:第一,韩国银行投资外国投资项目,投资额低于200万美元,并符合其他规定,韩国银行行长直接接受声明而不是批准;二是对于投资超过200万美元但不到500万美元的项目,如有必要,韩国银行行长可以听取主管部门主管及其投资者所在国家大使馆的意见;第三,对于总投资超过500万美元的投资,或者对于尚未与韩国建立外交关系的国家,除政府明确决定支持的项目外,一般应由海外投资业务审查委员会审查,然后由韩国银行行长决定批准。[②] 若由两个或两个以上主管部门进行审批的国家,存在两种做法,或依据主管部门的分管责任范围先后顺序决定,或与主管机构协商讨论之后做出。日本银行的审批程序为:先由大藏省将投资者项目说明书送交主管部门审核,若主管部门作出予以不批准的意见通知,则大藏省还有权与主管部门协商讨论,并将审核结果通知日本银行。[③]

(四) 审批模式

世界上较多国家和地区采用自动许可制的模式。自动许可制是指境外投资者申请后在法律规定的时间内审批部门未作出审批意见

[①] 参见谈萧:《韩国海外投资法制评析与启示》,载《国际贸易问题》2006年第9期。

[②] 参见杨丽丹、黄日涵:《韩国FDI流出史对我国"走出去"战略的启示》,载《徐州工程学院学报》2008年第3期。

[③] 参见成思危主编:《中国境外投资的战略与管理》,民主与建设出版社2001年版,第67页。

的,视为同意。① 1996年,韩国颁布《扩大海外投资自由化方案》,标志着其开始实施境外投资自动许可制。② 2003年3月,印度也修改其境外投资审批模式为自动许可,符合条件的境外投资无须得到政府的事先批准。③

通过以上的域外投资审批制度比较研究,可以看出这些国家和地区的共同之处在于:

第一,具有统一的境外投资审批机关。对境外投资进行审批的机关统一,职责范围明确,有利于审批程序的便捷与效率。适用法律明晰有利于避免矛盾冲突,减轻投资者的对外投资成本与负担。

第二,设立禁止类或限制类名单。综合考虑国家安全、基础设施、产业发展等因素,制定禁止类或限制类名单,实行"限制目录清单"制度,国家政府需要定期审查更新限制类清单目录中的类别。设定禁止类名单将威胁国家安全、国内产业发展的项目提前过滤于核准范围之外,节省国家政府资源成本。但禁止类名单中所列类别为特别少数,大都为一般类审批标准项目,这也与国际鼓励支持对外投资发展相一致,与减少境外投资限制的必然趋势相一致。

第三,依据不同投资额,设立不同的审批核准程序。许多国家根据投资额数目的不同采取不同的审核标准,划定清晰合理,繁简分流,不仅便于审批部门操作,而且对投资额较少、影响较弱的境外投资项目只需向主管部门备案申报的程序,简化了审批程序与手续,对于小额投资的发展起到了推动作用。除此之外,政府对重大数额的境外投资进行先行把关审查,可以在一定程度上防范盲目投资带来

---

① 参见梁开银、卢荆享:《论中国海外投资监管立法的完善》,载《河北法学》1999年第4期。

② 参见徐芳:《改革海外投资审批法制的思考》,载《投资研究》2005年第2期。

③ See Afra Afsharipour, Rising Multinationals: Law and the Evolution of Outbound Acquisitions by Indian Companies, *U. C. Davis Law Review*, Vol. 44, No. 3, 2011.

第三章 我国企业"走出去"的法律风险分析

的经济风险的发生。

第二节 来自东道国的法律风险

来自东道国的法律风险主要包括两方面的内容,一方面是企业与东道国之间的法律风险,如东道国的法律法规和市场政策对于企业在东道国经营活动的调整,属于东道国的国内法律关系;另一方面是母国与东道国之间的法律风险,主要体现为母国与东道国政府规制或保护私人投资的双边投资协议、多边投资协定、双边合作协定、避免双重征税协定等,属于国际法的范畴。这里主要讨论的是企业与东道国之间的法律风险。相对于来自投资企业母国的法律风险,东道国的法律风险更为复杂,主要在于海外投资涉及的法律环境更为复杂多变,且投资者对于投资环境比较陌生。"一带一路"背景下,中国企业海外投资面临的主要法律风险可以 2013—2023 年中企海外并购案例为样本对照分析,一般常见东道国风险类型总结如表 1 所示。

表 1　海外并购风险类型统计

风险类型	高发地区	产生原因	危害性
反垄断、国家安全审查风险	美国、欧盟、日本	国家安全与意识形态的冲突	拖延并购进程,增加并购成本和难度
知识产权风险	美国、欧盟	知识产权评估机制不健全	增加知识产权涉诉成本和技术获取成本
劳工保护风险	德国、法国	劳动者权利意识、自我保护意识强烈	激化企业文化冲突,导致劳动者管理效率低下
环境保护风险	美国、欧盟、日本	发达国家的环境立法质量高、实施力度强	引发当地环保人士的抗议,遭受当地环保法律诉讼和制裁

上述各类风险来源类型多样,主要有以下成因:

首先是国家安全与意识形态的冲突。国有企业在并购国外可能"涉及国家安全"的企业(如能源类、科技类企业)之时,将不可避免地面临东道国对外资并购的国家安全审查,如2023年11月,意大利政府以国家安全为由,否决了中国投资者对意大利军用无人机企业Alpi Aviation的收购案,并援引欧盟外资审查框架要求强制撤销交易。

其次是劳动者保护、工会的阻力。德国、法国等欧洲国家在历史上发生过多次工人罢工运动,可见欧洲工人的劳动者权利意识、自我保护意识十分强烈。德国劳动者对亚洲企业普遍充满敌意,担心中国复制日本模式,进行掠夺性并购,即通过低成本获得技术,紧接着进行大规模裁员,直至关闭工厂。因此,企业在海外并购前必须做出一系列的劳动保护措施,且必须遵循当地的劳动保护法律。此外,随着知识产权时代的到来,欧美等国关于产品知识产权保护的意识更为强烈,还建立了十分周密、完善的知识产权保护法律体系。为了避免陷入无穷无尽的知识产权纠纷,预防知识产权纠纷所带来的高额成本问题,我国企业在进行海外并购的过程中,亟须自觉提高知识产权保护的合规意识。

最后是对外投资无法避免地要受到东道国的政治制度、外汇管理制度甚至宗教、文化的影响。因此,企业进入东道国时,有必要对东道国的经济、政治、文化等各方面的情况加以全面深刻的了解。

综合上述,中国企业对外投资之前,应"全面梳理已成共识的联合国、区域或行业组织、国别法律'硬法'意义上的合规性标准和指引"[①],尤其要明确企业在并购时经常遇到的法律风险类型,并针对性地采取措施,以提高我国海外并购活动的成功率。

[①] 杨力:《中国企业合规的风险点、变化曲线与挑战应对》,载《政法论丛》2017年第2期。

第三章　我国企业"走出去"的法律风险分析

一、反垄断法律风险

运用反垄断法对跨国并购活动进行规制和监管是各国常见的做法,也是企业在东道国实施跨国并购时经常遇到的法律风险。在实施海外并购时,东道国为防止并购方对某一行业造成垄断,往往依据本国反垄断法律的规定,对跨国并购进行反垄断审查,如未能通过审查,并购企业就会面临并购失败的风险。因此,并购方应充分研究东道国的反垄断法,尽量规避东道国反垄断法中对其不利的规定。

针对海外并购,各国实行的反垄断审查模式不同,相应的法律风险也呈现出不同的特点。以美国为例,美国是实行事后申报审查制度的国家,这种事后申报审查制度对并购企业而言有利有弊:有利之处是企业在并购前不需要向有关部门申请审批,缩短了其并购的时间;不利之处是即使企业已经完成并购行为,反垄断调查机构仍然可以认定其并购行为将形成垄断,进而导致并购失败。此外,东道国的反垄断调查通常分初步调查和最终调查两个阶段,在初步调查阶段和最终调查阶段都可以将并购行为定性为垄断行为,有时即使初步调查结果不构成垄断,调查机构仍然可以以"需要深入调查"为理由开展第二轮调查,从而拖延并购进程,提高并购时间成本,并最终导致海外并购投资活动"难产"。在全球贸易保护主义的驱使下,各国反垄断立法日新月异,除正当规制境外的垄断行为、保护境内市场的有序竞争外,还存在滥用反垄断法干扰正常并购的行为。所以,东道国的"反垄断"风险是企业海外并购面临的又一重要的法律风险。对于任何一个东道国而言,它们为了保护本国经济命脉,掌握经济自主权,对外资企业的跨国并购行为进行有效规制是势在必行的。

毫无疑问,美国所建立的反垄断特殊法律规制处于世界领先水平,它也积极参与世界各地的并购活动。面对这种特殊的反垄断法律规制,中国企业很难防范这类转化而来的反垄断风险。根据其表现形式,可以将此类反垄断法律规制的风险分为以下两种:一是通过现行法律中原则性较强或者模糊的条款、裁量运用空间丰富的弹性条款来加以规制。这类条款表意不清,但有利于政府或者地方司法机关根据案件现实自由裁量,限制外资并购。① 二是通过临时制定或者修订相关法律法规特别限制外资并购。以 2023 年中国企业收购德国 Elmos 半导体工厂为例,德国政府援引新修订的《对外贸易条例》第 17 修正案,以"国家安全风险"为由紧急叫停交易,并要求重新评估所有涉及关键技术的对华投资。该法案赋予经济部更大自由裁量权,可追溯审查已签约项目。此类临时性立法调整使得企业难以预判合规成本,导致并购失败风险骤增。

二、国家安全审查风险

海外并购中,东道国的国家安全审查风险首当其冲,东道国政府基于多种因素考虑对并购方进行审查,这些因素包括国家安全、民族利益、行业发展等,且同一东道国在不同时间所考虑的因素也会不断地变化。② 例如,在中国科瑞集团收购德国血浆产品制造商 Biotest 时,美国就以国家安全审查叫停了收购计划。科瑞集团在 2017 年 4 月就拿到了获批文件,经过反复谈判,双方最终确定以 13 亿欧元的价格达成收购意向,但在同年 11 月 7 日,美国以本次收购威胁到美国家安全为由,由 CFIUS 介入审查③,迫使科瑞集团重新递交了收购案,

---

① 参见朱凌燕:《欧盟跨国并购反垄断审查及其启示》,载《国际经济合作》2007 年第 4 期。

② 参见徐芳:《海外并购的额外法律风险及其对策——由"中海油并购优尼科案"引发的思考》,载《法商研究》2006 年第 5 期。

③ CFIUS 全称美国外资审议委员会。2018 年 7 月 26 日、8 月 1 日,美国众议院和参议院相继通过《外国投资风险审查现代化法案》(简称"FIRRMA 法案"),旨在扩大 CFIUS 审查外资对美国国家安全构成风险的权限。

第三章　我国企业"走出去"的法律风险分析

不过最后仍成功收购。① 对比科瑞,国家集成电路产业投资基金股份有限公司就没有那么幸运,在其所支持的财团收购美国专业半导体测试设备商 Xcerra 的交易中,因遭 CFIUS 国家安全审查,最终与 Xcerra 签署了并购终止协议。因此,应对东道国国家安全审查风险重要且艰难。不过,近年来,随着我国海外并购日趋频繁,我国海外并购的经验和实力也显著提高,出现了许多积极、恰当应对东道国国家安全审查风险的成功案例。诸如潍柴动力收购德国凯傲、徐工收购德国施维英等,都表明我国企业在进行海外并购时,对于国家安全审查的了解正逐渐加深,应对措施也逐渐成熟。②

总体而言,发达国家为维护本国在国际上的领先地位,一般不愿意将本国企业的核心技术、管理经验和优秀品牌转让给外国企业,因此会以各种理由阻止他国特别是新兴国家的企业并购其国内企业,有时甚至还会从政治角度出发,对不同国家采取不同的准入标准,歧视性地对待部分国家的外资并购。通常它们会利用弹性较大的专门性法律,在并购立法中运用诸如"国家安全""公序良俗""严重影响"等抽象概念,对外资的并购进行特别的法律监管。例如,日本在《外国投资法》中规定了对外资审查的三条积极标准和三条消极标准,但均为原则性规定,没有明确的细则。③ 这为日本依据特定目的对外资并购进行管制提供了充分的弹性空间,以保证国家可以依据实际需求,把握法律解释的宽严。有的国家还会不惜代价,临时修订旧法或制定新法,以阻止外资并购。特别在临时修订法律方面,其往往直接

---

① 科瑞集团在被审查之后,重新向 CFIUS 递交了收购案,最终于 2018 年 1 月 19 日获准收购,并于同年 1 月 31 日完成对 Biotest 的收购。

② 德国于 2008 年通过了对《德国外国贸易与支付法》(AWG)的修正案,于 2009 年 4 月 24 日正式生效,从而建立起外资并购安全审查制度。该法适用于外资对德国企业的直接收购与间接收购,只要投资方收购目标企业的投票权达到 25% 以上,就可以纳入国家安全审查的范围。

③ 参见聂名华:《日本对企业并购的法律管制》,载《当代亚太》2003 年第 6 期。

针对特定并购案件进行立法，产生的阻却效果更强。对并购方而言，其无法在短期内重新规划自身的并购行为以满足修订后的法律的要求，此举将大大增加企业并购的风险。

三、劳动者保护法律风险

劳动者保护的法律风险同样不容忽视。劳动者保护的法律风险主要发生在企业对外并购的过程中，如果并购方企业在经营管理过程中不能妥善处理劳动保护的法律冲突问题，不遵守当地的法律法规，将会遭遇东道国政府的制裁。此前就有许多中国企业因未对劳动者保护问题引起足够的重视而导致并购失败。因此，有必要对劳动者保护的法律风险类型予以梳理。

（一）劳动者参与并购的法律风险

劳动者参与并购的法律风险是企业跨国并购过程中不可忽视的重要问题，尤其是在涉及不同国家劳动法律制度和文化差异的情况下，这一风险可能对并购交易的顺利进行产生重大影响。以2023年宁德时代在匈牙利德布勒森市投资73亿欧元建设电池工厂为例，因未充分履行匈牙利《劳动法》规定的"跨境并购劳工听证程序"，遭到当地工会与环保组织的联合抗议。尽管项目最终推进，但企业被迫追加2亿欧元用于提高工人福利和社区补偿。

劳动者参与并购的法律风险不仅体现在知情权的保障上，还涉及劳动者在并购过程中的参与权和决策权。在许多国家，尤其是欧洲国家，劳动者在企业并购过程中享有广泛的参与权，包括通过工会或职工委员会等组织形式参与并购谈判和决策过程。例如，在德国，企业并购必须经过职工委员会的同意，职工委员会有权对并购交易提出意见，并在某些情况下可以否决并购交易。如果企业忽视或绕过职工委员会，不仅可能面临法律制裁，还可能引发劳动者的集体抗议,导致并购交易无法顺利进行。此外,劳动者在并购过程中还可能面临失业、工作条件恶化、福利待遇下降等问题,这些问题如果得不到妥善解决,也可能引发劳动者的强烈反对,进而增加并购的法律风险。

劳动者参与并购的法律风险还体现在不同国家劳动法律制度的差异上。跨国并购涉及多个国家的劳动法律制度,这些制度在劳动者保护的具体规定上可能存在较大差异。例如,中国和德国的劳动法律制度在劳动者保护的范围、力度和方式上存在显著差异。在中国,劳动者在企业并购过程中的参与权和知情权相对较弱,企业通常只需履行基本的通知义务即可。而在德国,劳动者在企业并购过程中享有广泛的参与权和决策权,企业必须与职工委员会进行充分协商,并确保劳动者的合法权益得到充分保障。如果企业在跨国并购过程中未能充分了解和遵守东道国的劳动法律制度,就可能面临法律风险,甚至导致并购交易的失败。

劳动者参与并购的法律风险还可能体现在文化差异上。不同国家的劳动者对企业并购的态度和反应可能存在较大差异。例如,在一些国家,劳动者对企业并购持开放态度,认为并购可能带来新的发展机会和更好的工作条件。而在另一些国家,劳动者对企业并购持谨慎甚至反对态度,担心并购可能导致失业、工作条件恶化或福利待遇下降。如果企业在并购过程中未能充分考虑和尊重东道国劳动者的文化差异,就可能引发劳动者的强烈反对,则会面临因职工反对而阻碍整个并购进程的风险。[①]

(二)劳动者合同法律风险

劳动者合同法律风险是中国企业海外并购中所面临的劳动者保

[①] 参见黄云明:《中国企业家的责任伦理及其信念伦理基础》,载《河北大学学报(哲学社会科学版)》2011年第4期。

护法律风险中最为常见、数量最多的一类法律风险。具体而言：一是不与劳工签订劳动合同，或仅作口头约定，这种做法极有可能引起合规风险或使得企业在劳资纠纷中处于不利的局面；二是合同形式不符合某些国家的法律规定；三是合同内容有违该国法律规定。例如，有些国家法律对劳动者最低工资薪酬、劳动时间、休息休假、罢工权等内容进行了特别的规定，中国企业在与当地劳工签订劳动合同时，若没有遵循东道国关于劳动合同签订方面的强制性规定，就会产生相应的法律风险。①

（三）劳动者裁减管制法律风险

中国企业在完成海外并购后，通常会对目标企业的劳动者进行调整或裁减，此时要特别注意目标企业所在国对裁减人员的特别要求、雇佣当地人员的最低比例、外籍劳动者的雇佣比例限制、对外籍劳动者的签证审批等规定，以防范相关风险的发生。例如，俄罗斯对在俄经营企业雇佣外籍劳动者实施劳务配额，配额数量通常远远低于企业的实际需要。② 如果中国企业在海外并购过程中不对以上特殊用工规定加以关注，其用工行为可能会违反当地法律而遭到制裁。③

（四）当地工会组织罢工

在"一带一路"倡议的实施过程中，中国企业在沿线国家的投资活动日益增多。然而，目标国家的工会组织权力往往成为企业运营中不可忽视的重要因素。这些工会组织在维护劳动者权益、争取更好福利待遇方面发挥着积极作用，但同时也可能对外来投资者的经

---

① 参见赵霖、夏芸芸：《中国企业海外并购劳工法律风险防范研究》，载《贵州社会科学》2012年第7期。

② 2008年俄罗斯规定的劳务配额仅为180万，到2008年4月，实际发放的劳务配额已超过规定总额的50%。2009年，外籍劳工配额在实施过程中被俄罗斯冻结了50%，对中国投资企业造成了极大的负面影响。

③ 参见高欣：《中国对俄直接投资的现状与特点分析》，载《经济与管理研究》2011年第5期。

第三章　我国企业"走出去"的法律风险分析

营活动构成挑战。以希腊和秘鲁为例,这两个国家的工会组织通过频繁的罢工活动,给中国投资者带来了显著的经营压力和经济损失。

2010年至2024年,希腊全国范围内共组织了70次全国性总罢工,这还不包括各类小型罢工活动。希腊的工会组织在经济危机期间表现得尤为活跃,通过罢工表达对政府紧缩政策的不满,以争取更好的劳动条件和社会福利。对于中国远洋海运集团有限公司来说,这种工会活动直接影响到其在希腊最大港口——比雷埃夫斯港的运营。比雷埃夫斯港是中国在欧洲的重要投资项目之一,其战略意义不仅在于经济收益,还在于作为中国"一带一路"倡议的重要节点,承载着促进中欧贸易往来的使命。然而,连续发生的罢工活动导致港口运营中断,给中国投资者带来了重大经济损失,也影响了中欧贸易的顺畅进行。这种情况下,中国企业不仅面临直接的经济损失,还需应对因运营中断带来的客户信任危机和市场竞争压力。此外,中国首钢集团自20世纪90年代起就在秘鲁投资铁矿。然而,由于国际市场对铁矿石需求的波动,首钢在秘鲁的投资并不是一直顺利。特别是秘鲁工会组织势力强大,通过频繁的罢工活动对企业施加压力,要求提高职工福利待遇。2024年8月,首钢秘铁工人因工资调整方案争议发起局部罢工,要求提高基础薪资与安全福利。此次罢工持续两周,导致矿区日均产能下降约30%。此类罢工活动不仅使首钢在秘鲁面临生产中断和经济损失,还加剧了劳资关系的紧张,影响了企业的长期发展战略。面对强势的工会组织,中国企业在秘鲁的经营环境变得更加复杂,需要在法律允许的框架内,积极与工会进行沟通和协商,以化解劳资纠纷,维护企业的正常运营。

工会组织的强大影响力和频繁的罢工活动,揭示了中国企业在"一带一路"沿线国家投资过程中可能遇到的劳动关系挑战。为了有效应对这些挑战,中国企业需要采取一系列积极的策略。首先,企业应深入了解目标国家的劳动法律和工会组织的运作机制,确保在合规的基础上进行经营活动。其次,企业应加强与工会的沟通和合作,建立良好的劳资关系,通过协商解决争议,避免罢工等极端事件的发生。最后,企业应注重提高员工的福利待遇和工作环境,增强员工的归属感和满意度,从根本上减少劳资纠纷的发生。

四、环境保护法律风险

环境保护法律风险已成为关系中国企业海外投资成功与否的重要风险源之一,主要原因在于西方国家环境立法的高标准与我国企业对相关风险的预判失误。一般而言,发达国家普遍高度重视环境保护,环境保护立法严苛、执法严格,与我国情况差异较大,我国企业对此认知不足、准备不够。我国企业海外投资"一带一路"沿线国家主要集中在基础设施建设、能源、资源、交通等产业,会对目标国生态环境带来一定影响,容易引发环境矛盾。

环境保护法律风险看似无足轻重,实则"致命",已成为关系中国企业海外并购成功与否的重要风险源之一,主要原因在于西方国家的高标准与我国企业自身对相关风险的忽视。

一方面,成熟的发达国家都高度重视环境保护,环境保护立法的标准很严苛,并且法律实施也十分严格,我国企业存在着"水土不服"。此外,在环境政策和立法方面,发达国家出现了重视环境恢复与再生的立法趋势。美国先后制定《超级基金法》(即《综合环境反应补偿与责任法》)、《资源保护和恢复法》和《露天采矿控制和复垦法》等,对环境的恢复和再生作了许多具体规定;英国1995年出台的《环境法》专门就污染土地和废弃矿山的治理和恢复问题进行规定;日本则制定了《农业用地土壤污染防治法》等。各国较为完善的环境保护法律制度,使我国在进行能源类等易产生环境污染企业的并购时,面

第三章 我国企业"走出去"的法律风险分析

临着因违背当地环境法律而导致并购失败的风险。中国企业的海外能源投资已经遭遇过多起环境保护冲突,给中国的海外投资造成了负面影响。①

另一方面,中国企业的环保责任意识薄弱,未将环境风险纳入企业管理和风险评估体系。这导致企业在投资决策、成本收益核算、实施属地化战略等多个环节均缺少环境风险评估,容易做出破坏东道国环境的行为。一旦发生环境事故,一些中国企业也不具备应对的机制和能力。2023年,秘鲁环境评估与监管局(OEFA)再次查出中国铝业在Toromocho矿山的废水处理不达标问题,处以1200万美元罚款并限期整改。2024年,因扩建项目环评未通过,秘鲁政府暂停中铝新矿区施工许可,迫使中铝投入5000万美元升级环保设施并建立社区联合监测机制。类似事例不仅给中国海外并购企业造成了经济损失,也对中国的海外投资形象造成了负面影响。

此外,中国企业未对东道国环境法律和监管体系进行充分的前期调查,许多中国企业出于降低成本和抢占市场先机的考虑,往往缺乏细致开展市场调研的耐心,仅凭借对东道国涉及投资项目的主要法律的初步了解,就草率进行投资布局。环境法律作为专业化程度较高且相对远离投资策略核心的一类法律,往往未能成为投资者的重点研究对象。而目前,如何与东道国的环境监管部门进行有效的沟通与协调,亦是中国对外投资企业面临的重大挑战。

五、知识产权风险

近年来我国在知识产权领域取得了长足的进步,2024年专利申请量更是跃居世界第一。尽管如此,世界对中国的科技进步依然虎

---

① 参见徐冰川:《苏丹惨案震惊世界 谁杀害了中国石油工人》,http://news.sohu.com/20081031/n260371563.shtml,2025年1月21日访问。

视眈眈。首先,许多国家在面对中国的海外投资时,尤其是在涉及知识产权的领域,设置了重重障碍。这些障碍往往通过法律手段来实施,目的在于阻止或延缓中国企业的投资步伐。这种策略不仅增加了中国企业进入海外市场的难度,也迫使它们在法律合规性、知识产权保护等方面投入更多的资源。这种情况下,中国企业在进行海外投资时,必须面对复杂的法律环境和烦琐的审批程序,这无疑增加了投资的不确定性和风险。与此同时,许多国家对其核心科技可能落入他国之手的担忧也在加剧。这种担忧不仅体现在政策和法律层面,更在实际操作中表现为频繁的阻挠和干预。为了保护自身的科技优势,这些国家不惜采取各种手段,试图在时间、精力和财力上与中国企业展开较量。这种竞争不仅是商业层面的博弈,更是科技实力和创新能力的较量。在这一过程中,中国企业往往需要投入大量的资源来应对来自海外的压力和挑战。目前,主要集中以下几个方面:

第一,知识产权诉讼。在全球化背景下,中国企业在海外投资中日益面临知识产权方面的挑战,其中最为突出的就是知识产权诉讼问题。由于各国的法律体系和知识产权保护机制存在差异,中国企业在海外投资时常常因为知识产权纠纷而陷入法律诉讼,这对企业的财务和运营构成了巨大的压力。首先,知识产权诉讼通常遵循属地管辖原则。这意味着,诉讼将在纠纷发生地的法院进行,而这往往要求企业在当地聘请法律顾问和律师团队进行辩护。以美国为例,一件普通的并购知识产权案件可能会花费高达500万美元的诉讼费用。这些费用包括律师费、法院费用、专家证人费用等,对于许多企业来说,这是一笔不小的支出。此外,如果诉讼失败,企业还可能面临高额的赔偿金,这进一步加剧了企业的财务负担。这种情况下,中国企业在海外投资时常常陷入两难境地。一方面,选择进行诉讼意

第三章 我国企业"走出去"的法律风险分析

味着要支付巨额的法律费用,这对企业的财务状况是一个重大考验。特别是对于中小型企业来说,这种支出可能会影响企业的正常运营和发展。另一方面,如果选择不进行诉讼,直接赔偿对方要求的金额,可能会导致更大的经济损失,并影响企业的声誉和市场竞争力。为应对这一挑战,中国企业需要采取一系列措施。首先,在进行海外投资前,企业应进行全面的知识产权尽职调查,了解目标市场的知识产权法律环境和潜在风险。其次,企业应加强自身的知识产权管理和保护,确保在技术研发和产品设计中不侵犯他人的知识产权。在面临知识产权纠纷时,企业应根据具体情况制定合理的应对策略,权衡诉讼费用和赔偿金额,选择最有利的解决方案。同时,中国政府也可以通过加强与其他国家的知识产权合作与对话,争取更加公正和透明的国际知识产权环境,为企业的海外发展提供支持。通过这些努力,中国企业可以更好地应对海外投资中的知识产权挑战,实现可持续的国际化发展。

第二,技术引进合同。在全球化的商业环境中,中国企业在进行海外投资时,常常需要引进国外的先进技术或专利许可,以提升自身的技术水平和市场竞争力。然而,在这一过程中,不可避免地会遇到各种知识产权风险,尤其是在技术引进合同中可能存在的不合理条款和不公平的收费方式,这给中国企业带来了诸多挑战。一方面,许多技术引进合同中包含不合理的技术限制条款,这些条款可能严重限制了中国企业在原有产品基础上进行创新的能力。例如,合同中可能规定,企业在获得技术许可后,只能在一定范围内使用该技术,而不能进行任何形式的改进或创新。这种限制不仅抑制了企业的创新活力,也阻碍了其在市场上的进一步发展。此外,一旦企业对原产品进行了创新,合同中可能要求企业重新购买相关的知识产权,这无疑增加了企业的运营成本和经济负担。更为复杂的是,许多合同中还附带了一些无效或非必要的专利,这些专利可能并没有实际的技术价值,但企业仍需为其支付费用。这些不公平条款使得企业在技术引进过程中面临巨大的经济压力和法律风险。另一方面,知识产权的收费方式也常常不合理,进一步加剧了中国企业的技术成本负担。在许多情况下,即使企业只购买专利中的某一个组件,也必须按照全部专利内容的费用进行支付。这种"一揽子"收费模式显然不利于企业的成本控制和资源优化配置。此外,合同中可能还存在其他不合理的收费条款,例如高额的技术使用费和持续的专利维护费,这些都可能在企业尚未从技术引进中获得实际收益时,就已经产生巨大的财务负担。由于缺乏相关的国际经验和专业知识,中国企业在面对这些风险时往往无能为力,难以有效地进行合同谈判和风险规避。为了应对这些挑战,中国企业需要在技术引进前进行充分的尽职调查,了解目标技术的实际价值和相关法律环境,并寻求专业法律顾问的支持,以确保合同条款的公平性和合理性。同时,加强自身的知识产权管理能力和国际化经验积累,也是企业在全球市场中立于不败之地的重要保障。

第三,知识产权的附加价值。在全球市场竞争日益激烈的背景下,中国企业在"走出去"的过程中面临着诸多挑战,其中之一就是如何有效地体现知识产权的附加价值。知识产权不仅仅是技术和产品的法律保障,更是企业在国际市场上竞争的重要资产。然而,由于缺乏系统的知识产权布局,许多中国企业在海外投资和并购中未能充分利用所购买的知识产权,从而无法实现其应有的附加价值。这种局面导致企业购买的产品和技术成本高昂,利润却相对较低,严重影响了企业的国际竞争力。在中国的光伏产业中,这一问题显得尤为突出。由于缺乏对知识产权的有效布局和战略规划,许多光伏企业在实施"走出去"战略时,购买的相关产品和技术未能带来预期的经

第三章 我国企业"走出去"的法律风险分析

济效益。知识产权附加值的缺乏,使得这些企业在国际市场上的利润空间极为有限。数据显示,直到2022年,中国光伏产品出口的总利润甚至不足1%。在利润微薄的情况下,企业为了生存和竞争,不得不采取价格战的策略,以低价争夺市场份额。但这种策略不仅进一步压缩了企业的利润,还引发了国际市场对中国光伏产品的知识产权贸易和反倾销调查。

这种恶性循环不仅增加了中国企业在海外并购中的风险,也对整个行业的健康发展产生了负面影响。频繁的价格战和贸易争端使得企业在国际市场上的形象受损,甚至可能面临高额的法律诉讼和经济制裁,进一步加深了企业的运营风险。因此,中国企业在"走出去"过程中,必须重视知识产权的战略布局和价值实现。通过加强对知识产权的管理和利用,企业可以在国际市场上获得更大的竞争优势和利润空间。为了应对这一挑战,中国企业需要采取一系列措施,提升知识产权的附加价值。首先,企业应在国际市场开拓前,进行全面的知识产权尽职调查,了解目标市场的专利布局和技术趋势。其次,企业应积极参与国际专利申请和布局,确保自身技术和产品在全球范围内的法律保护。最后,企业还应加强与国际知名企业和研究机构的合作,通过技术引进和联合研发,提升自身的技术水平和创新能力。

与此同时,中国政府也可以通过政策支持和指导,帮助企业提升知识产权管理能力和国际化水平。例如,政府可以提供知识产权培训和咨询服务,帮助企业了解国际市场的法律环境和知识产权规则。此外,政府还可以通过设立知识产权基金和激励机制,鼓励企业进行技术创新和专利申请。通过这些努力,中国企业可以在国际市场上更好地实现知识产权的附加价值,提升自身的竞争力和可持续发展能力。

六、政治风险

在全球化经济的推动下,企业进行海外投资已成为拓展市场、获取资源和技术的重要途径。然而,海外投资活动中面临的风险多种多样,其中政治风险尤为显著,且对投资活动的影响深远。政治风险是指因政治因素而造成的投资损失,它不仅贯穿于投资活动的整个过程,而且表现形式复杂多样,给企业的国际化经营带来了巨大的挑战。从时间维度来看,政治风险可能发生于投资活动的每一个阶段。无论是在投资初期的市场调研和准入阶段,还是在投资后的运营和管理阶段,企业都可能面临政治风险的冲击。在投资准入阶段,企业可能会遇到东道国政府的政策变动、法律法规的调整以及对外资的限制措施等,这些因素都会直接影响企业能否顺利进入目标市场。而在投资后的经营过程中,企业同样可能遭遇政治风险的干扰,例如东道国的政权更迭、政策不稳定、突发的社会动荡等,这些都可能导致企业的经营环境发生变化,甚至引发资产被没收或国有化等严重后果。从内容上来看,政治风险的表现形式多种多样。部分政治风险是纯粹的法律风险,包括东道国的法律规定、司法制度、监管政策等,这些法律因素直接影响企业的投资决策和经营活动。还有部分政治风险虽然与法律并不直接相关,但同样构成了国际投资的障碍风险。这些风险主要涉及社会制度、宗教信仰、意识形态等内容。例如,在一些国家,宗教信仰对社会生活和商业活动有着深刻的影响,企业在进行投资时需要充分考虑当地的宗教文化和社会习俗,以避免引发不必要的冲突和摩擦。此外,政治风险往往是海外投资中最大、最难以预测的风险。与市场风险和财务风险相比,政治风险的不可控性和不确定性更强,这使得企业难以通过常规的风险管理手段进行有效预测和规避。东道国的政治局势变化往往具有突发性和不

第三章 我国企业"走出去"的法律风险分析

可预见性,企业在面临政治风险时,常常缺乏足够的信息和手段及时应对。例如,突然的政权更迭可能导致政府政策的急剧变化,企业的投资项目可能因此被迫中止或调整。此外,国际政治环境的变化,如贸易摩擦、地缘政治冲突等,也可能对企业的海外投资产生间接影响,进一步增加了政治风险的复杂性和难以预测性。

(一)收益风险

按照性质的不同,政治风险可以分为多种类型,其中收益风险是最为常见的一种。收益风险主要是指政治因素的变化导致投资企业无法收回预期回报的风险,通常表现为政府政策的突然变更、政治动荡、战争冲突、经济制裁等,这些因素都会直接影响到企业的投资收益。特别是在"一带一路"沿线的中东、中亚、非洲及拉丁美洲等地区,由于这些国家普遍存在种族对立、宗教冲突和资源争夺等问题,因此政治风险尤为突出。例如,中东地区长期存在的宗教派系斗争,非洲部分国家的部族冲突,以及拉丁美洲一些国家的政治不稳定,都使得这些地区的投资环境充满不确定性。一旦发生战争、政变或国际制裁等危机情况,企业的投资回报往往会受到严重影响,甚至可能面临资产被没收或无法收回投资的风险。

尽管这些地区的政治风险较高,但其丰富的自然资源,尤其是石油和矿产资源,仍然吸引了大量国际企业的投资。以中东地区为例,该地区拥有全球最丰富的石油储量,是全球能源供应的重要来源。许多国际石油公司为了获取这些宝贵的资源,不惜承担巨大的政治风险。同样,非洲的矿产资源和中亚的天然气资源也是吸引外资的重要因素。企业在这些地区的投资往往需要面对复杂的政治环境,包括不稳定的政府、频繁的政策变更、腐败问题以及安全威胁等。然而,由于资源稀缺性和全球市场需求,这些高风险地区仍然具有巨大的投资吸引力。企业在进行投资决策时,通常会进行详细的风险评估,并采取各种风险缓和(mitigation)措施,如购买政治风险保险、与当地政府建立良好关系、分散投资等,以降低潜在的政治风险影响。尽管如此,政治风险仍然是这些地区投资活动中不可忽视的重要因素,企业需要在风险和收益之间做出谨慎的权衡。

(二)国有化和征收风险

国有化和征收风险也是海外投资活动中备受关注的一类政治风险,它是指主权国家基于公共利益或国家战略需要,对境内的外国投资者资产实行国有化或征收的行为。这种行为是国家主权在国际投资法中的具体体现,也是主权国家的正当权利。根据国际法,主权国家有权对其领土内的外国资产进行国有化或征收,但通常需要符合一定的条件,如出于公共利益、非歧视性、遵循法定程序以及提供及时、充分和有效的补偿。然而,对于外国投资者而言,国有化或征收行为往往意味着其正常经营活动的突然中断,资产被强制接管,甚至可能面临巨额经济损失。这种风险在资源型行业和基础设施领域尤为突出,因为这些领域的投资规模大、周期长,且与东道国的国家利益密切相关。近年来,随着全球经济格局的变化和资源民族主义的抬头,国有化和征收风险在一些地区呈现出上升趋势。

目前,我国企业对外投资面临的国有化和征收风险主要集中于拉美国家。拉美地区资源丰富,是我国企业海外投资的重要目的地之一,尤其是在能源、矿产和基础设施领域。然而,拉美国家的政局稳定性较差,经济政策波动较大,加之历史上对外资的国有化行为屡见不鲜,使得这一地区的国有化和征收风险尤为突出。例如,委内瑞拉在查韦斯执政期间曾对石油行业进行大规模国有化,导致多家外国石油公司的资产被征收;玻利维亚和厄瓜多尔等国也曾在资源领域实施国有化政策。尽管近年来拉美国家政府对中国投资者的态度总体较为友好,且中国与拉美国家在"一带一路"框架下的合作正不断深化,但国有化和征收风险依然存在。为防范此类风险,我国企业需要在投资前进行充分的政治和法律风险评估,选择政治环境相对稳定的国家或地区,并与东道国政府签订稳定的投资协议。此外,企业还可以通过购买海外投资保险以及与当地企业合资合作、分散投资等方式降低风险。同时,中国政府也应加强与拉美国家的双边投资保护协定谈判,为我国企业提供更有力的法律保障。总之,在拉美地区的投资活动中,国有化和征收风险是不可忽视的重要问题,需要企业和政府共同努力,采取综合措施加以应对。

此外,国有化和征收风险的发生往往与东道国的政治经济环境密切相关。例如,在经济危机或政权更迭时期,东道国政府可能会通过国有化或征收来转移国内矛盾或巩固政权。因此,企业在投资决策时,不仅要关注东道国的资源禀赋和市场潜力,还要深入研究其政治经济环境的历史和现状。例如,拉美国家普遍存在的社会不平等问题、左翼和右翼政党的政策分歧以及外部经济环境的变化,都可能成为触发国有化或征收行为的潜在因素。以阿根廷为例,其历史上出现过多次经济危机,导致政府对外资政策频繁调整,甚至出现资产冻结或征收的情况。因此,企业在投资拉美地区时,需要建立动态的风险监测机制,及时跟踪东道国的政策变化和社会动态,以便在风险初现时采取应对措施。

(三)金融汇兑风险

东道国的金融汇兑风险是一种较为常见的政治风险,主要发生在实行外汇管制的国家,尤其是许多发展中国家。对于这些国家而言,外汇是一种稀缺资源,其吸收外资的目的不仅在于引进先进技术和管理经验,还在于通过引进外资来获得外汇储备,以维持国际收支平衡和货币稳定。因此,尽管这些国家在吸引外资时提供了较为优惠的政策,如税收减免、土地使用优惠等,但在外汇管理方面往往设置了严格的限制。这些限制主要体现为对外来资金的本金、利润、股息、提成等资金的出境进行严格控制,投资者的投资所得往往被限制兑换成外汇并汇出境外。这种金融汇兑风险的存在,使得投资者在东道国获得的收益无法顺利回流,甚至可能导致资金被"冻结"在东道国境内,进而影响企业的现金流和整体投资回报。随着全球化的推进和世界贸易组织(WTO)金融服务自由化浪潮的影响,许多国家逐渐放松了外汇管制,金融汇兑的法律风险在全球范围内有所减小。然而,在一些非洲和拉丁美洲国家,由于金融制度尚不完善、货币制度波动较大、外汇储备不足,金融汇兑风险仍然较高。这些国家的货币往往面临较大的贬值压力,政府为了维持汇率稳定和外汇储备,可能会采取临时性的外汇管制措施,限制或延迟外资的汇出。此外,这些国家的政治和经济环境相对不稳定,政策变化频繁,进一步加剧了金融汇兑的不确定性。例如,某些国家在面临经济危机时,可能会突然实施资本管制,限制外汇流出,甚至暂停外汇交易市场,导致投资者无法及时将资金转移出境。这种政策的不确定性使得企业在这些国家进行投资时面临较大的风险。

因此,企业在进行跨国投资时,尤其是在金融制度不完善、外汇管制严格的国家,必须事先做好充分的风险评估和应对准备。首先,企业应详细了解东道国的外汇管理政策和相关法律法规,评估其外汇管制的严格程度和可能的政策变化。其次,企业可以通过与东道国政府签订投资保护协议,确保在发生金融汇兑限制时能够获得一定的法律保障。再次,企业可以利用金融工具进行风险对冲,如购买外汇期权、远期外汇合约等,以降低汇率波动和外汇管制带来的风险。最后,企业应保持与东道国政府和金融机构的密切沟通,及时获取政策变化信息,以便在风险发生时能够迅速调整策略。总之,金融汇兑风险是跨国投资中不可忽视的重要风险之一,尤其是在金融制度不完善、外汇管制严格的发展中国家。企业在进行投资决策时,必须充分考虑这一风险,并采取有效的风险管理措施,以确保投资的安全性和收益性。

七、宗教、文化、风土人情

"一带一路"沿线国家涵盖了广泛的宗教和文化背景,居民信仰佛教、伊斯兰教、天主教、印度教、基督新教、犹太教等多种宗教,这些宗教信仰不仅深深植根于当地社会的日常生活中,还在政治、经济和社会治理中扮演着重要角色。在中国企业海外投资的过程中,宗教和文化的差异常常成为引发矛盾与冲突的重要因素。例如,在伊朗、阿联酋、沙特等伊斯兰教国家,宗教不仅是个人信仰的核心,更是社会结构和法律制度的基础。在这些国家,宗教人士往往拥有强大的社会影响力,甚至能够直接干预地方经济活动。即使中国企业在海外投资中与目标国政府或高级管理人士建立了良好的经济合作关系,但在实际操作中,地方宗教权威人士的态度和支持往往成为决定合作能否顺利推进的关键力量。这种宗教与经济的紧密联系使得中国企业在"一带一路"沿线国家的投资面临独特的挑战。

首先,宗教文化的差异可能导致企业在项目规划和执行过程中忽视当地的社会规范和宗教习俗,从而引发当地居民的不满甚至抵制。例如,在一些伊斯兰教国家,宗教节日和礼拜时间具有严格的规定,企业在安排工作时间和项目进度时必须充分考虑这些因素,否则可能被视为对当地文化的不尊重。其次,宗教权威人士在地方经济中的影响力不容忽视。在一些国家,宗教领袖不仅是精神上的指导者,还在地方经济决策中拥有重要话语权。例如,在伊朗,宗教机构通过基金会控制着大量经济资源,涉及金融、工业、农业等多个领域。中国企业在与当地政府达成合作协议后,仍需与这些宗教机构进行沟通和协调,以获得其支持。如果忽视这一点,即使项目得到了政府的批准,也可能在地方层面遭遇阻力。最后,宗教文化的差异还可能影响企业的员工管理和社区关系。例如,在一些保守的伊斯兰教国家,性别角色的分工和文化禁忌可能限制女性员工的参与,企业在招聘和管理员工时需要特别注意这些文化差异。同时,企业在项目所在地的社区关系建设中,也需要尊重当地的宗教习俗,积极参与宗教节日和慈善活动,以赢得当地居民的支持和信任。

为了应对这些挑战,中国企业在"一带一路"沿线国家的投资中需要采取更加灵活和包容的策略。首先,企业应在项目启动前进行充分的社会文化调研,了解当地的宗教习俗、文化禁忌和社会结构,制定符合当地文化背景的项目计划。其次,企业应积极与地方宗教权威人士建立联系,争取他们的理解和支持。例如,可以通过捐赠宗教设施、支持宗教活动等方式,展现企业对当地文化的尊重和融入意愿。此外,企业还应加强员工的跨文化培训,提高他们对宗教文化差异的敏感性和应对能力,避免因文化冲突而引发的矛盾。最后,企业可以通过与当地非政府组织(NGO)和社区团体合作,开展社会责任项目,如教育、医疗和基础设施建设,以提升企业在当地的社会形象和影响力。总之,"一带一路"沿线国家的宗教和文化多样性既为中国企业提供了广阔的市场机遇,也带来了复杂的挑战。企业在海外投资过程中,必须充分认识到宗教文化差异的重要性,采取尊重、包容和灵活的策略,以实现与当地社会的和谐共处和可持续发展。只有在尊重当地文化的基础上,中国企业才能在"一带一路"沿线国家实现长期稳定的投资回报,并为推动区域经济合作和文化交流做出积极贡献。

为此,中国企业在"一带一路"沿线国家的投资合作过程中,必须保持高度的谨慎态度,充分认识到宗教、文化与风土人情的重要性,并在实际操作中体现出对这些因素的尊重。宗教和文化不仅是当地社会的精神支柱,更是影响经济活动和政策制定的重要力量。例如,在伊斯兰教国家,宗教教义直接渗透到法律、金融和社会规范中,企业在投资过程中必须遵守伊斯兰教法的相关规定,尤其是在金融领域,伊斯兰金融体系禁止利息和投机行为,这就要求企业在设计融资方案时采用符合伊斯兰教法的金融工具,如利润分享和成本加成等。此外,风土人情的差异也可能对企业的日常运营产生深远影响。例如,在一些东南亚国家,佛教文化强调和谐与包容,企业在与当地社区互动时需要展现出谦逊和尊重的态度,避免因文化冲突而引发矛盾。为了确保项目能够按照预期顺利进行,企业必须在投资前期对目标国的投资环境进行全面的调查和评估。例如,缅甸在全球清廉指数排行中占162位(2023年),在该国投资时不仅要考虑可能出现的意外支出和投资项目受到的非市场因素的影响,更要考量此环境下的政府信誉以及遇到法律纠纷时受到不公正裁判的概率。

第三节　来自合作方的法律风险

"一带一路"贯穿亚欧非大陆,一头是活跃的东亚经济圈,一头是发达的欧洲经济圈,中间广大腹地国家经济发展潜力巨大。中国提出"一带一路"倡议坚持"共商共建共享",目标是实现合作共赢。在"遵循市场原则和国际通行规则"基础上开放、透明,中国提出开拓第三方市场合作正当其时。面对机遇,中国海外投资企业更应当具有风险意识。当前,我国政府已经在推动"一带一路"建设上与多国达成协议,发挥了市场无法达到的作用,推动了广泛的合作共识,构建了顶层设计框架,且正在建设双边和多边合作机制,对接建设规划,搭建合作平台,推动要素高效流动和市场深度融合。① 在政府进行顶层设计之下,企业要充分意识到自己的市场主体作用,"发挥企业主体作用",尊重市场经济规律,建立投资全过程法律风险服务机制,掌握投资主动权,将合作进行到底,保障"一带一路"建设顺利进行。

一、合作共赢目标下的同业竞争法律关系

在全球化经济格局中,合作共赢已成为国际投资与经贸往来的核心理念。商务部统计数据显示,2024年,我国企业在共建"一带一路"国家非金融类直接投资2399.3亿元人民币,主要投向新加坡、老挝、越南、印度尼西亚、巴基斯坦、马来西亚、俄罗斯、柬埔寨、泰国和阿联酋等国家。这一投资格局反映出中国企业在"一带一路"倡议下的战略布局,同时也揭示了国际投资领域复杂的法律关系和竞争态势。从数据可以看出,投资目标国主要集中在发展中国家,这些国家普遍具有市场潜力大、资源丰富、劳动力成本相对较低等特点,但同时也面临着政治风险、法律环境不完善等挑战。在此背景下,中国企业海外投资既面临着重大机遇,也需要应对诸多法律风险。可以看出,中国企业在拓展第三方市场的过程中,不可避免地会与已在当地深耕多年的国际企业形成竞争与合作并存的复杂关系。以日本企业为例,其在东南亚、中亚和南亚等地区积累了相当长时间的优势经营势力,建立了完善的供应链网络和商业渠道。这种先发优势使得日本企业在面对中国企业的投资合作诉求时,往往采取谨慎甚至防御性态度。从法律层面来看,这种竞争关系主要体现在市场准入、知识产权保护、商业合同履行等方面。日本企业可能会利用其熟悉当地法律环境的优势,通过设置技术壁垒、提高合作门槛等方式来维护自身

---

① 参见米金升、田恬:《"一带一路"建设要发挥企业主体作用》,载《国际经济合作》2017年第12期。

第三章 我国企业"走出去"的法律风险分析

利益,这无疑增加了中国企业进入当地市场的难度和成本。

这种同业竞争关系对中企海外投资产生了深远影响。在法律合规方面,中国企业需要投入更多资源来研究目标国的法律法规,建立完善的风险防控机制。而在商业谈判中,中国企业往往需要提高合作条件,包括提供更优惠的投资条款、承担更多的风险等。这不仅增加了企业的投资成本,也提高了项目的不确定性。此外,这种竞争关系还可能影响中国企业在当地的形象和声誉,如果处理不当,可能会引发当地政府和民众的负面情绪。因此,如何在合作共赢的目标下处理好同业竞争关系,成为中国企业海外投资必须解决的重要课题。

二、投资合作方式法律风险

由于双方企业在目标国市场上存在同业竞争法律关系,因此在选择合作、实现利益共赢的目标下势必会考虑双方优势实力强强联合,会涉及投资出资方式、经营模式选择、利润分配等核心法律问题。在全球化的商业环境中,跨国投资合作已成为企业拓展市场、获取资源和技术的重要手段。然而,在选择投资合作方式时,企业常常面临复杂的法律风险。这些风险主要集中在投资出资方式、经营模式选择和利润分配等核心法律问题上。尤其是在目标国家市场上,合作双方可能存在同业竞争关系,这使得合作的法律风险更加复杂和具有挑战性。在投资出资方式上,合作双方需要达成一致,以确保各自的利益和权利得到有效保障。在国际投资合作中,出资方式可以多种多样,包括现金出资、技术入股、设备投入等。每种出资方式都涉及不同的法律规定和财务处理方式。例如,现金出资需要遵循外汇管理和资金流动的法律规定,技术入股则需要进行知识产权评估和转让手续。此外,合作双方还需明确各自在项目中的出资比例和股权占有比例,以避免在后续经营中产生纠纷。经营模式的选择也是投资合作中的一个重要法律问题。合作双方需要根据目标市场的法律环境和自身的优势,选择合适的经营模式。例如,可以选择成立合资公司、战略联盟或合作协议等形式。每种经营模式都有其独特的法律框架和运作机制。成立合资公司需要办理注册手续,并遵循公司法的相关规定;战略联盟则需要签订详细的合作协议,以明确双方的权利和义务。合作双方还需考虑目标国的法律规定,例如反垄断法、税法和劳动法等,以确保经营活动的合规性。利润分配是投资合作中的另一个核心法律问题。合作双方需要在合作协议中明确利润分配的原则和比例,以确保各自的投资回报。利润分配可以根据出资比例、贡献程度或其他商定的标准进行。然而,在跨国投资合作中,利润分配还需考虑税收政策和外汇管理等因素。例如,目标国家可能对利润汇出实施限制,或对跨国利润分配征收高额税款。合作双方需在协议中明确如何处理这些问题,以避免因税务或外汇问题导致的法律风险。

尽管一些国家,如法国、日本和加拿大,已与中国签订第三方市场合作文件,但这些合作国家仍要求中方提出更为具体和可行的操作建议。这是因为,这些国家在中国投资目标国的市场上通常占有较稳定的份额。例如,德国在中东欧国家的贸易市场始终保持着优势地位,而中国在该地区投资建设的项目,如匈塞铁路等"16+1合作"项目,与德国存在相互竞争关系。因此,在寻求第三方市场合作时,中国企业与合作国家企业需要在出资方式、股权比例和经营所有权份额等法律问题上达成一致,确保符合中国、合作国、目标国的法律规定。为了有效规避投资合作方式中的法律风险,企业需要采取一系列措施。首先,进行全面的法律尽职调查,了解目标国家的法律环境和市场状况。其次,聘请专业的法律顾问,协助制定和审核合作协议,确保协议条款的合法性和可执行性。最后,加强与合作伙伴的沟通,建立良好的信任关系,以便在出现问题时能够及时协商解决。通过这些努力,企业可以在国际投资合作中更好地实现利益共赢,确保项目的顺利推进和长期发展。

三、合作红利难以实现风险

中国企业海外投资拓展第三方市场合作还存在与合作方难以实现合作红利的风险。第一,合作双方缺乏政策沟通与协调机制。在现有的合作模式下,双方往往缺乏明确且具有可操作性的风险指导框架,导致在合作过程中出现分歧时,难以及时、有效地进行政策沟通与协调。这种沟通机制的缺失,使得合作双方在面对市场变化、政策调整或突发事件时,无法迅速达成共识,进而影响合作的顺利推进。此外,由于缺乏长期稳定的协调机制,合作双方在利益分配、风险分担等关键问题上容易产生分歧,进一步加剧了合作的不确定性。第二,合作缺乏深入的政策扶植和政策保障。尽管中国与多个国家达成了第三方市场合作的框架性文件,但这些文件大多停留在共识层面,缺乏具体的实施细则和操作办法。特别是在细节问题的磋商上,双方往往难以达成一致,导致合作项目在实际推进过程中面临诸多障碍。例如,在投资准入、税收优惠、劳工政策等关键领域,合作双方的政策差异较大,难以形成统一的政策支持体系。这种政策支持的不足,不仅增加了企业的运营成本,还可能导致合作项目无法达到预期效果。第三,国外合作方对合作本身持防范与制衡态势。例如,虽然日本自2017年以来对中国"一带一路"倡议态度积极,愿探讨双边合作的可能,并逐步推动日中两国企业在"一带一路"沿线国家开展商业活动,但合作的前提是要遵循日方倡导的理念和价值观,并在合作中坚持有限度的接触政策,防止中日"一带一路"合作发展过快。同时,日本在合作政策选择上也坚持多层次制衡,在与"一带一路"经济覆盖范围重合之处更是严防死守,对华制衡意图明显。① 基于这样目标的合作方并不在少数。

第四节 其他法律风险

如上所述,按照风险来源的不同,企业在"一带一路"背景下开展第三方市场合作的风险主要可以分为投资母国法律风险、东道国法律风险和来自合作方法律风险。然而,企业在海外投资过程中可能遇到的法律风险类型多种多样,一些法律可能不仅仅发生在投资母国或东道国某一处,而是同时发生在不同地区,如融资风险、尽职调查的风险、合同风险、整合风险等。本节将对以上风险类型分别加以介绍。

一、融资的法律风险

近年来,我国积极鼓励并大力支持企业实施"一带一路"境外投资,中国企业也积极响应国家"一带一路"倡议。2023年,我国十大海外并购交易中就有5宗涉及"一带一路",交易总额高达622亿美元,有的交易甚至树立了中国企业对标的国家企业投资的新标杆。积极贯彻"走出去"政策,不仅有利于企业发展,而且对于消减过剩产能、促进产业升级也具有积极作用。可以说,"一带一路"概念不仅是我国海外并购中的新兴亮点,也极有可能成为未来我国海外投资活动中的持续热点。

海外投资活动涉及的交易金额庞大,特别是对于境外优质资产的收购而言,常常需要上亿甚至上百亿美元。因此,资金来源通常就成

---

① 参见王星宇:《日本对外经济援助政策新动向与中日"一带一路"合作》,载《当代世界》2018年第7期。

第三章 我国企业"走出去"的法律风险分析

了海外投资活动中非常关键的一步。如何在运用大量资金进行海外投资的同时确保自身业务正常开展所需要的现金流,成为众多计划进行海外投资的企业必须思考的一个重要问题。而融资就是企业为了实现海外投资这一特殊目的而进行的资金筹集。研究显示,2023年,中企宣布的海外并购总额为398.3亿美元。因此,企业的资金实力将决定企业海外并购活动的成败,而合法有效的融资路径则是其资金实力的重要保证。如果企业在融资环节出现意外,不仅可能导致投资活动的失败,还可能影响企业既有业务的正常开展。因此,融资风险也是企业海外投资中会遇到的非常关键的一种风险形式。

企业海外投资活动中的融资方式主要包括内源融资和外源融资两大部分。内源融资包括企业的自有资金、企业的留存收益和应付未付款项;外源融资按照融资的性质可以分为债务性融资、权益性融资和特殊的并购融资。此外,换股融资支付也是近年来在发达国家证券市场上被频繁使用的一种融资方式。但在我国,由于证券市场发育程度较低,股票的发行与交易受到的限制较多,以股换股的融资方式很少被使用。实践中,很少有企业会使用单一方式完成并购交易,企业往往选择多种方式相结合融资,即投资资金的来源可能同时涵盖了企业的自有资金、股权融资和债券融资等方式。企业在并购中选择不同融资方式的配比时除了基于企业经济实力、借贷能力和财务会计等方面的因素外,法律上对于各种融资方式的相关规定也是一个非常重要的考量因素,国家的法律法规对企业融资路径的选择有着极为深远的影响。

(一)我国企业海外并购融资的基本方式

1. 自有资金

自有资金是企业利用自己拥有的资金进行投资的一种方式,属于企业内源融资方式的一种。内源融资是指企业使用其利润作为新投资的资本来源,而非向企业的股东或者其他投资者发行股份或者获得其他资本。① 广义上的内源融资包括企业的自有资金、未使用的专项资金和公司的应付未付款。对于资金实力雄厚的企业,自有资金是海外投资中非常常用的融资方式。宁德时代 2022 年投资 73.4 亿欧元建设匈牙利德布勒森电池基地,作为全球最大的动力电池生产基地之一,该项目初期投入的 30％资金(约 22 亿欧元)直接来源于企业利润留存。

一般而言,企业利用自有资金主要受企业内部文件的限制,受到国家法律和政策的规制较少,但也并非毫无限制。公司法的资本三原则规定公司在运营过程中需保证资本确定、资本维持和资本不变。这三项基本原则也分别体现在公司法的各个法条之间。旧版《公司法》规定,公司的对外投资不得超过其净资产的 50％。现行《公司法》已经删除这一规定,从而便利了公司的投融资活动。但这并不意味着并购企业使用注册资本作为并购对价毫无限制,企业使用自有资金的数额和比例仍然要受公司资本原则的约束。这也就意味着在融资活动中,企业通常不会将自有资金作为唯一融资的路径。

内源融资的优势在于,企业无须举债,融资成本低,且法律上的限制较少,融资程序简单高效。因此,大多数海外投资都会用到自有资金,但所占的比例和数额差异巨大。其中弊端在于,对于企业自身的经济实力要求较高,海外投资交易所需资金量巨大,短期内使用大量自有资金可能会导致企业现金流紧张,影响并购企业的持续经营。因此,大量使用自有资金完成融资不符合大多数企业的实际情况,虽然内源融资有其明显的优点,但并不会成为企业对外投资的唯一融资路径。

---

① See R. Glenn Hubbard, Anil K. Kashyap, Toni M. Whited, Internal Finance and Firm Investment, *Journal of Money, Credit and Banking*, Vol. 27, No. 3, 1995.

第三章 我国企业"走出去"的法律风险分析

2. 银行贷款

银行贷款是企业外源融资中使用最为广泛的一种方式,几乎所有的重大海外投资活动都会涉及银行贷款这种融资方式。企业在海外投资活动中用到的银行贷款主要包括普通银行贷款和银行并购贷款两种类型,其中银行并购贷款特指商业银行向并购方或其子公司发放的用于支付并购交易价款和费用的贷款。

目前我国企业申请银行并购贷款的主要依据是《商业银行并购贷款风险管理指引》(以下简称《指引》),对并购贷款的主体身份、贷款用途和担保方式做出了明确的规定。总的来说,银行并购贷款具有如下几个特点:首先,从贷款的主体上,并购贷款的"借款人"不仅包括境内的并购方企业,也包括并购方的子公司。《指引》第3条第1款规定:"本指引所称并购,是指境内并购方企业通过受让现有股权、认购新增股权,或收购资产、承接债务等方式以实现合并或实际控制已设立并持续经营的目标企业或资产的交易行为。"第3条第2款规定:"并购可由并购方通过其专门设立的无其他业务经营活动的全资或控股子公司(以下称子公司)进行。"在海外并购的过程中,国内的并购方为了降低税务等交易成本,常常通过在开曼群岛、维京群岛等避税天堂设立特殊目的公司,也即我们经常说的 SPV 参与境外并购。《指引》允许并购方子公司作为借款主体的规定,就使得并购方的特殊目的公司也可以直接参与并购贷款,满足了企业进行海外并购的现实需求。其次,并购贷款的贷款期限相对较长。旧版《指引》对于并购贷款规定的期限是五年,现行的规定对这一期限做了延长。现行《指引》第22条规定:"并购贷款期限一般不超过七年。"由于许多海外并购项目工程巨大,后期的整合工作量也会比较复杂,需要大量的资金和时间完成,这样的期限设置保证了并购方拥有更为充裕的时间完成整合工作,提高海外并购活动的成功率。最后,担保方式较为灵活。《指引》第 29 条规定:"商业银行原则上应要求借款人提供充足的能够覆盖并购贷款风险的担保,包括但不限于资产抵押、股权质押、第三方保证,以及符合法律规定的其他形式的担保。以目标企业股权质押时,商业银行应采用更为审慎的方法评估其股权价值和确定质押率。"因此,银行并购贷款的担保方式具有多样性,还可以将目标企业股权质押作为担保方式,在海外并购中,以此种方式进行担保可以避免并购方因提供自有资产作为担保方式而丧失再融资能力。

除了对于并购贷款有着正面影响的规定以外,法律法规也对并购贷款的发放提出了一些限制性规定,主要体现在贷款比例方面。《指引》第 21 条规定:"并购交易价款中并购贷款所占比例不应高于 60%。"第 33 条第 1 款规定:"商业银行应在借款合同中约定提款条件以及与贷款支付使用相关的条款,提款条件应至少包括并购方自筹资金已足额到位和并购合规性条件已满足等内容。"根据以上规定,首先,并购交易价款中并购贷款所占比例不应高于 60%;其次,企业的自筹资金必须在并购价款发放之前准备到位。这一规定的根本目的在于降低并购融资中的杠杆率,确保企业在其资金实力可允许的范围内参与海外投资活动。这不仅是保证银行金融安全的需求,也是降低企业的融资风险的必要措施。因此,在并购活动中,并购方应当做好自筹资金的准备工作,注意控制并购贷款占并购总金额的比例,量力而行,不能过度地依赖银行贷款,而要在保障交易安全的前提下完成并购交易。

海外并购涉及的交易金额巨大,由单独一家银行提供贷款一方面可能无法达到融资要求,另一方面也会给借款银行带来过大的资金压力。因此,随着大型投资行为的频频出现,银团贷款这一形式也应运而生。银团贷款是指由多家银行基于相同贷款条件,依据同一贷款协议,按约定时间和比例,向借款人提供的贷款或授信业务。借款人虽然面对多家银行,但无须与多家银行分别谈判,谈判和协调的成本相对较低,且牵头银行还会代为处理后续贷后管理事宜,大大便利了借款人的贷款行为。《指引》第18条规定:"商业银行全部并购贷款余额占同期本行一级资本净额的比例不应超过50%。"第20条规定:"商业银行对单一借款人的并购贷款余额占同期本行一级资本净额的比例不应超过5%。"法律法规的这些规定也迫使许多企业为了避开监管部门对大额贷款的比例的限制,而选择银团贷款的方式进行融资。

利用银行贷款是典型的债务融资,其优点在于,一方面,能够在短期内筹得大量资金满足企业对外投资的需求;另一方面,由于银行贷款并不影响企业的自有资金量,可以保证企业已有业务的正常开展。此外,银行贷款还不会影响公司的股权结构,不会引起企业经营控制权的改变。对于广大投资者而言,银行贷款是一种非常理想的融资方式。但这一方式也有其弊端:首先,企业要向银行公开其经营信息,还要在经营上受制于银行;其次,除了归还本金外,大额的银行贷款还会产生数额巨大的利息,还本付息的压力会大大增加企业的资金负担;最后,银行为了降低贷款风险,往往会要求企业提供担保,给企业的后续经营带来较大的压力,这可能会影响企业后续的再融资能力。

3. 内保外贷与过桥贷款

内保外贷是指中国境内银行为中国境内企业在境外注册的控股企业或参股企业提供担保,由该中国境内的境外关联银行给中国境内企业的海外投资企业发放相应贷款的担保方式。内保外贷包括"内保"和"外贷"两个方面的内容,外贷是指境外银行向境外借款人发放贷款,内保则指境内的银行为这一境外贷款行为提供担保。假设境内的A公司在境外设立了一个子公司B,B因为自身的经营发展需要,要从银行获取贷款,但出于B成立时间较短或B公司不符合境外银行要求等原因,B公司无法在短期内从境外银行处获取贷款。此时,B公司就可以通过内保外贷的方式获取贷款,由境内的银行向境外银行提供担保,再由境外银行向B公司提供贷款,以达到B公司获取贷款的目的。当然,境内银行也并非无偿为B公司提供担保,通常境内银行会要求境内的A公司提供反担保,以确保能够向A公司追偿。在内保外贷中,境内的银行就是担保方,境外银行是受益方,境外公司是借款人。

在内保外贷中,之所以不是由境内企业直接提供担保,而要引入一个第三人,也就是境内银行,作为担保人,主要原因在于我国的外汇管理制度。根据《中华人民共和国外汇管理条例》第19条规定,提供对外担保,应当向外汇管理机关提出申请,由外汇管理机关根据申请人的资产负债等情况作出批准或者不批准的决定。因此,非金融企业向境外银行提供担保属于外汇管制的范畴,需要事前获得外管部门的审批。但根据我国《跨境担保外汇管理操作指引》的规定,境内银行向境外银行提供担保属于融资性担保[①],而融资性担保只要在额度范围以内,就属于银行的自由决定事项,无须一事一批。因此,引入境内银行可以大大减少外汇审批带来的不确定性,提高交易效率。这就是内保外贷这种方式广受欢迎的一个重要原因。

目前,我国关于内保外贷问题的规定主要集中于《跨境担保外汇管理操作指引》。这一法规明确了内保外贷的适用范围和跨境担保

---

① 《跨境担保外汇管理操作指引》第四部分第6条规定:"跨境担保可分为融资性担保和非融资性担保。融资性担保是指担保人为融资性付款义务提供的担保,这些付款义务来源于具有融资合同一般特征的相关交易,包括但不限于普通借款、债券、融资租赁、有约束力的授信额度等。非融资性担保是指担保人为非融资性付款义务提供的担保,这些付款义务来源于不具有融资合同一般特征的交易,包括但不限于招投标担保、预付款担保、延期付款担保、货物买卖合同下的履约责任担保等。"

合同有效性的判断,但在个人能否提供内保外贷,非银行金融机构的内保外贷资格等问题上还是具有不确定性。

在我国企业的海外投资活动中,内保外贷常常与过桥贷款相结合,共同解决企业的资金来源问题。过桥贷款是一种短期的过渡性贷款,融资期限一般为6—12个月,其目的是为交易双方搭桥铺路。因此,银行在向企业发放过桥贷款时,往往不会审核其长期经营能力,也不会关心企业的发展前景。相较于普通贷款,过桥贷款回收速度更快,但风险也更高。过桥贷款的利率相较一般贷款更高,且贷款期间较短,会在短期内给企业带来较大的还款付息压力。因此,企业如果追求长期效应,则应避免过多使用过桥贷款。

4. 发行股票融资

发行股票融资是指投资者使用股份作为海外投资的交易对价,通过发行股份的方式购买境外资产。发股融资主要包括公开发行股票和非公开发行股票两种方式,其中非公开发行股票是我国企业在融资过程中比较常用的一种方式。例如,2016年,首旅酒店与如家酒店合并,就利用了非公开发行股票的方式向不超过10名符合条件的特定对象募集资金。

《发行监管问答——关于引导规范上市公司融资行为的监管要求》规定,上市公司申请非公开发行股票的,拟发行的股份数量不得超过本次发行前总股本的20%;上市公司申请增发、配股、非公开发行股票的,本次发行董事会决议日距离前次募集资金到位日原则上不得少于18个月。以上规定对企业在通过非公开发行股票的方式融资时,单次发股的数额和两次发股的时间间隔作出了严格的限制,这也就决定了企业发股融资的金额会受限于总股本数。而对于股本金额原本就较小的企业,发股融资所能获得的资金量也非常有限。在巨额的并购交易中,某些并购交易金额甚至超过并购方自身的市值,该规定也决定了这类上市公司不可能选择非公开发行股票作为主要的融资方式。

除了非公开发行股票的方式外,企业还可以通过换股的方式完成融资,即企业利用其新发或增发的股票,交换目标企业的股票,进而完成投资交易。按照换股方式的不同,可以分为增资换股、库存股换股、母公司与子公司换股三大类。

发行股票购买资产的方式有许多优点,例如不会增加企业的债务负担、不会造成企业短期内大量资金流出、可以吸引更多的投资者、能够扩大企业的再融资能力等。尤其是在货币贬值以及外汇政策收紧的情况下,由于发行股票购买境外资产的方式不涉及跨境资金流动问题,不受外汇政策波动的影响,因此在外汇政策收紧或者不明朗的情形下是投资者顺利实现海外投资的理想途径。但我国法律对于发股融资的限制比较多,程序也较为复杂,这就使得发股融资的使用在实践中广受限制,企业在海外投资的融资活动尤其是大型的并购交易中,往往将发股融资当作一种次要的辅助性的融资方式。抛开法律法规上的限制,在融资活动中,中国投资者也更倾向于选择债权融资,而非股权融资。主要原因在于,在发股融资中,引入的新投资人往往占据相对优势地位,公司股权的价值会因此被大幅度低估,一些投资人甚至会使用恶意压价的手段,使公司原股东手中的股票价值大幅度缩水。

5. 发行债券融资

发行债券融资就是指企业向外部特定或不特定对象发行债券的融资方式。发行债券融资与发行股票融资虽然同属发行有价证券,但二者在性质上截然不同,发行股票融资属于股权融资,而发行债券融资属于债权融资。发行债券融资是发达国家证券市场上较为常见的一种融资方式,近年来也开始受到我国企业的青睐。海外投资尤其是大型的海外投购案例,往往属于高层次、大规模的商业活动。而在国际投资活动中,往往越高级别的投资活动,越会用到发行债券这一融资方式。例如,2017 年 11 月,海尔的境外全资子公司 Harvest International Company 宣布在我国香港地区及国际市场发行 80 亿港币可交换债券。该债券期限为 5 年,由青岛海尔及其全资子公司海尔股份(香港)有限公司提供无条件及不可撤销的担保。

对于在境外发行债券的行为,法律有一些特殊的规定。根据 2015 年 9 月发布的《国家发展改革委关于推进企业发行外债备案登记制管理改革的通知》,外债是指"境内企业及其控制的境外企业或分支机构向境外举借的、以本币或外币计价、按约定还本付息的 1 年期以上债务工具,包括境外发行债券、中长期国际商业贷款等"。根据该通知,首先,外债的发行采取备案制,而不再继续之前的额度审批制;其次,明确将境内企业"控制的境外企业或分支机构向境外举借"纳入须备案的范畴。变审批为备案的制度放宽了对企业发行外债的管制,有助于促进企业实现境外融资。

发行债券融资的优势一方面在于,该方式相对可以保证融资的资金量,并吸引更多投资者;另一方面在于,在企业缴纳所得税之前扣除债券利息,减轻了企业的付税负担。此外,相比发股融资,发债融资还可以避免企业股份被稀释。但是,发行债券融资的弊端也非常明显:首先,债券发行完成后可能导致企业的资本结构发生变化;其次,过多的债务负担会导致企业商誉降低,增加再融资的成本;最后,相对银行贷款融资,发行债券融资的周期较长,需要并购企业预先谋划,融资成本高,交易不确定性大。

6. 发行可转换债券

可转换债券兼具股权融资和债务融资二者的特征,属于混合融资的一种,是指可以在特定时间、按特定条件转换为普通股票的特殊债券。目前,可转换债券已经成为发达国家企业在投资过程中筹集资金的一种重要方式。

发行可转换债券融资被引入我国资本市场后,很快受到了许多企业的欢迎。因此,国家也出台了多部法律法规对这一融资方式进行规制,其中比较有代表性的是2019年的《证券法》和2020年的《上市公司证券发行管理办法》。《证券法》第9条规定,公开发行证券,必须符合法律、行政法规规定的条件,并依法报经国务院证券监督管理机构或者国务院授权的部门注册;第10条则明确了可转换公司债券属于法定证券品种。《上市公司证券发行管理办法》明确规定了企业发行可转换证券的条件,如最近三个会计年度加权平均净资产收益率不低于6%;本次发行后累计公司债券余额不超过最近一期末净资产额的40%等。此外,《上市公司证券发行管理办法》还规定了公开发行可转换公司债券应当提供全额担保,且担保的范围不仅包括债券的本金,还包括债券的利息、违约金、损害赔偿金和实现债权的费用。可见,目前我国法律为发行可转换债券设立的条件和担保标准比较高,一般的中小型企业很难达到这些要求。

发行可转换债券融资的优点在于:第一,成本低,相对于普通债券,可转换债券的报酬率较低,可以降低企业的筹资成本。第二,灵活性强,企业可以根据其实际需求设置不同的报酬率和转换价格。第三,负担小,在转化为普通股后,企业不再负有向债券所有者偿还本金的义务。这一融资方式的缺点主要在于不确定性较大,当债券到期时,债券持有人可能会根据股票价值决定是否将债券兑换为股票。此时,若债券持有人选择兑换股票,则企业股权会被稀释;若持有人选择收取本金和利息,则会增加企业的债务负担。

第三章　我国企业"走出去"的法律风险分析

(二) 我国企业海外并购融资存在的问题及成因分析

1. 融资存在的问题

在我国企业的海外投资中，虽然融资方式多种多样，但是自有资金和银行贷款仍然是最主要的融资方式，发股融资、换股支付等股权融资方式的利用频率相对较低。形成这种现象的主要原因是，一方面，我国资本市场成熟度相对较低，法律对于股权融资模式的适用限制颇多。另一方面，监管层在开放跨境融资时需兼顾国家外汇经济安全，这一审慎原则虽然保障了金融稳定，但客观上压缩了企业的跨境融资空间。在海外投资活动中，企业的融资能力在很大程度上决定了企业在国际市场上竞争力，我国资本市场上融资模式较为单一的现状在一定程度上限制了我国企业海外投资的发展，也不利于企业提高其竞争力。

2. 融资问题的成因

(1) 资本市场的发展程度相对落后

企业如果想要短时间内扩大企业规模，比较好的方式就是通过并购来实现，但是并购需要支付大量资金，这一部分资金往往即使是规模极大的公司都难以全部消化。因此，为了能够在不影响正常资金链循环的情况下实现并购，企业就需要通过融资这种方式来获取资金。但企业能否顺利实现融资，与所在国家市场经济的发展情况有很大关系。从中国的市场环境来说，市场经济发展还未达到高水平，而且我国监管较为严格，造成融资整体发展较慢。国家应该主动颁布相关法律条例，支持鼓励相关企业进行融资，增大融资规模，提高资金流动性。但企业如果通过发行股票、债券等方式进行融资，也会有许多问题随之而来。

第一，我国现有的市场经济体系尚难以对融资企业提供实质性支持。尽管《证券法》明确提出需大力发展资本市场，但因缺乏对市场现状的具体分析及配套战略制定,相关政策最终未能有效落地。《证券法》还规定,企业上市需同时通过证券监管机构及交易所的双重审核,客观上导致证券发行条件与上市标准之间存在割裂。在现行市场环境下,我国证券发行审核机制较为严格:企业若改制为股份有限公司,不仅需符合国内法律法规,还需满足监管机构对财务规范、公司治理等方面的专项要求。而对于谋求上市的企业,条件则更为复杂:需经历 IPO 审计,并满足包括持续经营能力、股本规模及股权分散度等多项严格指标。此外,资本市场波动进一步制约企业融资活动。若股市出现持续性下跌,拟并购企业的股价可能承压,导致交易受阻。在海外市场,除少数知名大型企业外,多数出海企业国际知名度不足,其股票在境外市场易遭低估,这也成为股权并购融资失败率较高的关键因素。

第二,中国资本市场内部存在显著的结构失衡问题。虽然债券等非权益类资本市场逐渐被企业熟知和接受,但整体而言,仍落后于证券市场(尤其是股票市场)。以企业海外并购为例,部分企业回避债券融资方式的核心原因在于,一方面,监管部门对债券发行主体的资产负债率等财务指标要求严格,且审批流程复杂;另一方面,债券发行需投入大量前期人力与物力资源,持续跟进备案、信息披露等环节,对企业运营形成额外负担。

由此可见,在我国资本市场结构尚未成熟的背景下,股权或债券融资均需企业承担高额准备成本。若企业自身根基薄弱,冗长的融资流程可能挤占主业资源,甚至引发经营风险。为规避此类风险,许多企业转而选择现金支付等简易并购支付方式,进一步凸显了资本市场服务实体能力的结构性短板。

(2)国家外汇使用管制较为严格

目前,我国外汇交易体制分为经常项目下的外汇交易和资本项目下的外汇交易。我国外汇管理体制属于部分外汇管制,即对经常项目下的外汇交易不实行管制,而对资本项目下的外汇交易实行一定的限制。我国现行海外投资用汇法规体系以《外汇管理条例》为核心,通过《境内机构境外直接投资外汇管理规定》及《资本项目外汇业务指引》构建了"登记为主、强化监管"的管理框架。

国家外汇管理局于1989年发布的《境外投资外汇管理办法》建立了我国管理海外投资的四种外汇措施,即外汇风险和外汇来源的事先审查、登记与投资外汇资金的汇出、外汇利润和资产的调回、外汇优惠和支持措施。这一规范体系在审批制度与外汇使用上都较为严格。随着我国企业海外投资并购逐步增加,过于严格的外汇审批制度已经不适应参与国际经济技术合作和竞争的需,因而国家外汇管理局逐步放宽了对境外投资的外汇管理。2011年,《境外投资外汇管理办法》废止,标志着中国资本项目开放从"严控审批"转向"登记＋监测"模式。

经过一系列的改革,我国资本项目下的外汇管制逐渐松动,但还存在管理上政出多门、申请和审批程序规定缺乏统一标准以及外汇审查较严格等问题。虽然我国资本项目下的外汇管制逐渐松动,但是与其配套的相关措施并未及时改进,不能将外汇管制松动的积极促进作用真正地发挥出来,一定程度上仍不能满足企业海外并购大量用汇的需求。

(3) 国家信贷体制支持力度不足

为了鼓励我国企业走出国门,实现并购,国家出台了相关融资政策来帮助企业进行融资。早在2004年,国家发展改革委、中国进出口银行就下发了《关于对国家鼓励的境外投资重点项目给予信贷支持政策的通知》。该文件明确中国进出口银行每年安排"境外投资专项贷款",重点支持资源开发、产能输出、技术合作和国际竞争力提升四类项目,并提供出口信贷优惠利率。政策还提供信用放款、延长贷款期限等灵活融资方式,以及配套金融服务,为中国企业境外投资提供系统性金融支持。

此外,全球授信制度标志着我国实现了全球范围内融资体系的基本建立。企业能够在世界范围内找到中资银行旗下任何一家银行与自身建立相关的融资方式,保证了国内企业可以在国外找到进行融资的银行,避免出现资金流通危机。

上述两个制度的实施,解决了许多企业在实施跨国并购中的资金融通问题,让一些企业顺利地将融资办理下来,完成了企业并购,扩大了企业规模。但由于这两项制度还没有进行彻底的开放性实施,而且我国资本市场的发展还没有达到成熟的地步,因此依然有一些问题在企业并购过程中出现。

企业申请境外投资专项贷款需通过国家发展改革委与中国进出口银行的双轨审核机制:先同步满足项目核准和信贷授信标准,提交完整材料至双方机构;然后由国家发展改革委进行战略合规性核准、中国进出口银行开展金融风险审查,双方通过材料互认、并联审核完成尽职调查及收益验证。全流程耗时约45—60天,要求企业提供核准批文、可研报告、境外保单等全套文件,并确保资金用途与申报项目100%匹配,接受贷后闭环监管,才能完成专款专贷。

此外,在中国经济结构中,国有企业仍占据主导地位并掌握着主要经济资源,这种格局在一定程度上制约了独资企业的发展空间。正因如此,独资企业更需要银行资金的支持来突破发展瓶颈。然而,由于缺乏雄厚的资金实力和资产担保,多数银行对独资企业的贷款申请持谨慎态度,导致其陷入"资金匮乏—融资困难—发展受限"的恶性循环。这种结构性矛盾严重阻碍了中国独资企业的成长壮大,也制约了市场活力的充分释放。

第三章　我国企业"走出去"的法律风险分析

二、尽职调查

在海外投资活动中,并购方所面临的最大风险来源于与出让方和目标公司的信息不对称。信息不对称导致并购方对企业的债务负担、资产价值、技术水平、担保责任等问题了解不足。当并购方真正购入资产时才发现自己被拖入僵局。然而,这些风险因素并非不可防备,风险管理的第一关就是尽职调查,并购方企业可以在投资活动的前期,通过认真细致的尽职调查识别风险和剔除风险。尽职调查是在投资活动中,一方对另一方的资产和负债情况、经营和财务情况、法律关系及其面临的机会和潜在风险进行的一系列调查,以评估目标公司的价值和风险。按照主体的不同,尽职调查可以分为买方尽职调查和卖方尽职调查,我们接下来所讨论的就是买方尽职调查的内容。

(一)尽职调查的作用

跨国并购中尽职调查的目的在于尽可能完整和充分地掌握目标公司或者目标资产的信息,包括公司资产的真实价值、财务状况的优劣、负债的情况、有无大额担保、有无诉讼风险、潜在交易有无障碍、合同的有效性、顾客的黏性、核心技术归属以及公司劳工保护、环境保护、税收等各方面是否合规等,并在这一基础上发现相关的法律风险,判断风险的性质、程度和影响范围,以此作为依据决定是否继续交易。如果决定继续交易,则尽职调查的成果一方面可以作为在谈判中与对方讨价还价的筹码,另一方面保证投资者尽早制定出具有针对性的交易方案,合理地规避风险,为未来的交易和交易后的运营管理提前做出安排。

具体说来,尽职调查的作用主要体现在以下几个方面:

第一,尽职调查可以发现目标公司或资产存在的经营风险、法律风险,在一定程度上改善双方信息不对称的状况。

第二,尽职调查是交易双方进行谈判的基础,双方可以根据尽职调查的结果分配各自的权利与义务。

第三,尽职调查是投资者防范法律风险的前提。

总的来说,尽职调查既是投资交易的开端,也是规避法律风险的前提,尽职调查越深入、越彻底,越能揭示风险,相应的风险被控制的可能性也就越高。

(二)尽职调查的主要内容

尽职调查在投资交易中占据极为重要的作用,但目标公司或目标资产涉及的情况往往非常复杂,且卖方只会允许潜在买方在一定范围内做出尽职调查,100%完整的尽职调查仅仅存在于理想之中。所以,投资方在确定尽职调查的内容时就要有所取舍,并事先确定尽职调查的程度。尽职调查程度的确立取决于许多因素,例如公司在尽职调查上的预算、审计律所的业务能力、经纪人的要求、交易模式、目标公司的情况等。其中比较关键的是目标公司的情况,通常情况下,大型公司尽职调查的复杂程度要远远超过小型公司,上市公司的尽职调查难度要大于私营公司,制造企业的尽职调查相对服务性质的企业更为轻松。以下是海外并购中企业进行尽职调查的主要核查要点,当然根据每个项目的不同特点,尽职调查的内容也会有所调整。

1. 主体资格

由于公司从事任何经济活动首先要满足主体的合法性,因此关于主体资格的审查是进行尽职调查的第一步。如果公司的主体资格存在瑕疵,项目的推进往往会受到很大的影响。因此,在尽职调查中首先要对目标公司的主体资格进行审查。审查的具体内容包括:第一,基础法律存续状态核查。需全面查验营业执照、公司章程、注册证书及税务登记证等核心法律文件,确认其依法设立且持续有效存续;系

第三章　我国企业"走出去"的法律风险分析

统梳理公司合并、分立、重组及资本变动等历史沿革的合法性;同时明确公司法律形式对交易架构的影响,并重点核查经营范围合规性,特别是金融、能源等特殊行业所需的专项许可。第二,股权结构审查。重点包括:核实实际控制人及代持安排等股权结构透明度;识别股权质押、冻结及优先购买权等权利限制;验证股东出资方式及实缴情况;分析关联企业关系可能引发的利益冲突。第三,治理机制审查。需全面评估公司章程、股东协议及董事会决议等治理文件的合规性,确认重大决策程序的有效性;同时核实管理层任职资格及代表权限,特别是关键岗位的授权范围。第四,业务资质与跨境合规审查。需确认行业必需资质的有效性及延续性风险;评估目标国外资准入政策对交易的影响;审阅重大合同中的控制权变更条款可能引发的终止或赔偿风险。这四个维度的系统审查构成了确保并购交易合法性的基础保障,为后续交易决策和风险防控提供了关键依据。

2. 目标企业的资产情况

在并购交易或股权投资过程中,对目标企业主要资产及其权属问题的尽职调查是确保投资安全、防范法律风险的关键环节。资产权属调查不仅涉及对目标企业资产现状的全面了解,而且需要对资产的法律状态、权利限制以及潜在风险进行深入分析。这一调查过程通常需要法律、财务、技术等多领域专业人士的协同配合,通过文件审查、实地考察、第三方查询等多种方式,系统性地评估目标企业资产的价值和风险。

就无形资产而言,知识产权是重点审查对象。首先,需要核实目标企业所持有的专利、商标、软件著作权、域名等知识产权的权属证明文件,包括但不限于专利证书、商标注册证、软件著作权登记证书等。这些文件应当完整、有效,并且与目标企业的经营范围相匹配。其次,要审查目标企业是否存在使用他人知识产权的情况,例如是否获得了必要的授权许可,许可的范围、期限、地域限制等是否符合业务需求。此外,还需要特别关注知识产权上是否存在质押、独占许可等权利负担,这些权利瑕疵可能对目标企业的经营自由度和资产价值产生重大影响。在某些情况下,还需要对知识产权的实际使用情况进行调查,以确认其是否真实应用于生产经营活动,是否存在侵权风险或无效风险。

有形资产的权属调查同样至关重要,主要包括土地使用权、不动产、机器设备等核心资产。对于土地使用权和不动产,投资方需要重点审查相关权属证书的真实性和合法性,包括土地使用权证、房屋所有权证等。这些证书应当与实际情况相符,并且不存在伪造、涂改等情形。同时,还需要查询土地和房屋的登记信息,确认是否存在抵押、查封等权利限制,以及是否存在租赁、借用等第三方权利。对于机器设备等动产,除了核实购置合同、发票等权属证明文件外,还需要确认设备是否存在融资租赁、抵押等权利负担。此外,投资方还应关注目标企业是否存在未决的产权纠纷或潜在的产权争议,例如与相邻土地所有权人的边界纠纷、房屋产权归属争议等。这些纠纷可能对目标企业的正常经营和资产价值产生不利影响,甚至导致重大经济损失。

在尽职调查过程中,投资方还需要特别关注目标企业资产的合法性和合规性。例如,土地使用权是否通过合法程序取得,是否存在未批先建、超规划建设等违规情形;房屋建筑是否符合规划、消防、环保等相关规定,是否存在被行政处罚或责令整改的风险;机器设备是否符合行业标准和安全规范,是否存在重大安全隐患等。这些问题的存在可能对目标企业的持续经营能力产生重大影响,甚至可能导致资产被没收、拆除或停用。因此,投资方在尽职调查中应当全面、细致地审查目标企业的资产状况,并结合专业机构的评估意见,对资产

第三章 我国企业"走出去"的法律风险分析

价值和风险作出准确判断,为投资决策提供可靠依据。

3. 目标公司的负债或潜在负债

在企业并购和投资活动中,目标公司的负债或潜在负债状况是尽职调查中至关重要的环节。负债不仅直接影响企业的财务健康状况,还可能对未来的经营和发展构成重大制约。因此,全面了解目标公司的负债情况,有助于投资者评估风险,做出明智的决策。绝大多数企业在运营过程中都会产生负债,这些负债可能来自银行贷款、供应商信用、债券发行,甚至是未决诉讼或者或有负债等多种形式。为了准确识别和评估这些负债,企业在尽职调查时需要仔细审阅各类财务报表、合同协议、银行对账单以及法律文件等。这一过程不仅要求对财务数据的敏锐洞察力,还需要对法律条款的深刻理解,以便识别潜在的财务义务和法律责任。

在尽职调查中,识别目标公司的潜在负债尤为关键。潜在负债通常是指那些尚未在财务报表中体现,但可能在未来成为实际负债的财务义务。这些潜在负债可能来自未决诉讼、环境责任、合同违约赔偿、员工福利承诺等。识别这些潜在负债需要深入分析目标公司的经营历史、法律纠纷记录、合同条款以及行业惯例等。特别是在跨国并购中,不同国家的法律制度和会计准则可能对负债的确认和披露有不同的要求,增加了识别潜在负债的复杂性。此外,企业还需关注目标公司在行业中的声誉和诚信记录,因为这些无形资产或负债同样会影响投资的风险和回报。通过全面、细致的尽职调查,投资者可以更好地理解目标公司的财务状况,预测未来可能面临的财务挑战,并制定相应的风险管理策略,以确保投资的安全性和收益性。

4. 目标公司的诉讼、仲裁情况

在企业并购和投资过程中,目标公司的诉讼和仲裁情况是尽职调查中不可忽视的重要组成部分。诉讼和仲裁不仅可能对目标公司的财务状况造成直接影响,还可能对其声誉、业务运营和未来发展构成重大威胁。因此,投资者在尽职调查阶段必须全面了解目标公司的法律纠纷情况,以便做出明智的投资决策。投资者需要查明目标公司目前是否正处于诉讼或仲裁中,或是否存在潜在的法律纠纷。为此,投资者应仔细审阅目标公司的法律文件、咨询法律顾问,并与公司管理层进行深入交流,获取相关信息。如果目标公司确实存在法律纠纷,投资者需进一步了解这些纠纷的具体情况,包括诉讼或仲裁的数量、种类、事由、涉及的当事人以及当前的进展情况。这些信息将有助于投资者评估法律纠纷对目标公司的潜在影响。

了解目标公司的诉讼和仲裁情况后,投资者需判断这些法律纠纷是否与投资交易密切相关,以及是否可能对交易产生决定性的影响。例如,一起涉及巨额赔偿的诉讼可能会对目标公司的财务状况造成严重打击,从而影响其偿债能力和未来的盈利能力。此外,某些诉讼可能涉及目标公司的核心业务或关键资产,进而影响其市场竞争力和长期发展潜力。投资者需要仔细评估这些法律风险,并考虑是否需要调整投资条款,或在交易协议中加入相应的保护措施,如设立赔偿条款或要求目标公司提供担保。通过这些措施,投资者可以在一定程度上降低法律纠纷带来的不确定性和潜在损失。此外,投资者还应考虑目标公司的法律合规历史和声誉,因为这些因素不仅影响当前的法律纠纷风险,还可能对未来的业务合作和市场拓展产生深远影响。总之,通过全面、深入的诉讼和仲裁尽职调查,投资者可以更好地识别和管理法律风险,确保投资决策的安全性和合理性。

5. 劳工问题

在企业并购和投资的尽职调查过程中,劳工问题是一个至关重要的领域。劳工问题不仅涉及企业的人力资源管理和劳动关系,还可能对企业的生产效率、成本结构和社会声誉产生深远影响。因此,投

第三章 我国企业"走出去"的法律风险分析

资者在进行尽职调查时,必须全面审查目标公司是否存在劳动争议、工会力量以及罢工传统等问题,以便更好地评估潜在的经营风险和管理挑战。

一方面,投资者需要仔细审查目标公司是否存在劳动争议。这包括与员工之间的合同纠纷、工资和福利争议、工作条件投诉等。劳动争议不仅可能导致法律诉讼和赔偿,还可能影响员工士气和生产效率。投资者应深入分析目标公司的劳动合同、员工手册、内部政策以及历史上的劳动纠纷记录,了解其劳动关系管理的实际状况。此外,与公司管理层和员工代表的沟通也有助于获取一手信息,识别潜在的劳动关系问题。如果目标公司存在严重或频繁的劳动争议,投资者需评估这些问题对企业运营和财务状况的影响,并考虑是否需要在交易中设定相应的风险防范措施。

另一方面,投资者需关注目标公司是否存在强大的工会力量以及罢工传统。工会在维护员工权益、推动集体谈判方面发挥着重要作用,但如果工会力量过于强大,可能对企业的管理决策和运营灵活性构成挑战。投资者应了解目标公司工会的历史、规模、影响力以及与管理层的关系,评估工会活动对企业运营的潜在影响。此外,了解目标公司是否有罢工传统也很重要。频繁的罢工可能导致生产中断、订单延迟,甚至影响客户关系和市场声誉。投资者需分析罢工的原因、频率和解决方式,判断目标公司在处理劳工问题方面的能力和经验。通过全面评估劳工问题,投资者可以更好地理解目标公司的组织文化和管理风格,识别潜在的管理风险,并在交易中制定相应的策略,以确保投资的成功和企业的可持续发展。

6. 环境纠纷

在现代企业并购和投资活动中,环境保护的尽职调查已成为评估目标公司合规性和可持续发展能力的重要环节。随着全球环境保护意识的不断增强,各国政府和社会对企业环境责任的要求也日益严格。因此,投资者在进行尽职调查时,必须全面评估目标公司在环境保护方面的表现,以识别潜在的法律风险和声誉风险。

首先,投资者需要审查目标公司在生产经营活动中是否严格遵守环境法律法规。这一方面的调查包括了解企业在日常运营中是否符合国家和地方的环境标准,如废水、废气、固体废弃物的处理和排放是否达标,以及是否采用了先进的环保技术和设备。此外,投资者还需关注目标公司的环境管理体系,评估其在环境监测、污染预防和应急响应方面的能力和措施。通过审查企业的环境报告、监测数据和内部审计记录,投资者可以判断企业在环境合规方面的实际表现。如果目标公司存在环境违法行为或未能达到相关标准,可能面临法律诉讼、行政处罚,甚至被要求整改或停产,这将对企业的财务状况和市场声誉造成不利影响。

其次,投资者需确认目标公司是否取得相关环境保护部门的许可和资质证书。环境许可和资质证书是企业合法开展生产经营活动的前提,也是企业履行环境责任的重要证明。投资者应核实目标公司的环境许可和资质证书的有效性和完整性,确保其覆盖企业的所有生产设施和业务活动。此外,投资者还需了解目标公司在新项目开发和扩建过程中是否及时申请和更新相关许可,避免因手续不全或过期而导致的法律风险。通过与环境保护部门的沟通和审查企业的档案记录,投资者可以更好地评估企业在环境合规方面的管理水平和责任意识。

最后,投资者需要调查目标公司是否受到过与环境保护相关的行政处罚。行政处罚不仅反映企业在环境管理方面的不足,还可能对其经营活动和市场声誉产生负面影响。投资者应查阅目标公司的行政处罚记录,了解处罚的原因、性质、频率以及企业采取的整改措施。对于严重或频繁的行政处罚,投资者需评估其对企业运营的潜在影响,并考虑是否需要在投资协议中设定相应的风险防范措施。此外,

第三章　我国企业"走出去"的法律风险分析

投资者还应关注目标公司在环境保护方面的社会责任和公众形象，评估其在行业中的地位和声誉。

通过全面、深入的环境保护尽职调查，投资者可以更好地识别和管理环境风险，确保投资项目的合规性和可持续性。

三、合同法律风险

完成尽职调查之后，如果未发现足以阻碍交易继续进行的事由，交易将继续进行。在进一步地了解和谈判，并考量技术、财税、商务、法律等诸多因素后，交易双方会签订一系列的交易文件，如投资意向书、投资协议、托管协议、服务协议、保密协议、股东协议、保障协议、担保契约、融资文件、披露函和谅解备忘录等，其中最关键的是投资意向书和投资协议。

投资意向书是投资交易的双方用来确定初步投资意向的书面文件，但除了少数限制性条款外，投资意向书通常不具有约束力，其目的在于阐明交易对价、支付方式、先决条件等交易问题，记录交易双方的谈判成果，并对双方产生道德上的约束。在投资协议执行后，除重大理由和特殊情况外，双方一般不会违背投资意向书的约定。

相比于投资意向书，投资协议是一个具有法定约束力的协议，其目的在于阐明交易的结构和条款，明确交易双方的权利义务关系，揭示双方的相关信息，约定纠纷解决机制和赔偿方式。在投资交易中，投资协议是整个投资交易的指南，协议签订后，所有的交易行为都围绕这一法律文件展开。因此，投资协议在整个投资活动中占据着极为重要的地位，一份好的投资协议可以在最大程度上保护投资者的利益，规避投资中的风险。

在投资交易相关文件的谈判和制定中，买方和卖方的利益截然不同，双方的关注点亦不同。买方更多着眼于压缩成本，降低风险，获得卖方更多的承诺与保证；卖方倾向于获取更高的交易对价和承担更少的责任。因此,合同的制定过程就是一场激烈的博弈,双方一定要重视合同的主要内容和关键条款,控制合同中可能产生的法律风险。

(一) 合同中的关键条款

1. 投资标的、投资方式和交易价款

在制定投资协议时,明确投资标的、投资方式和交易价款是确保交易顺利进行的基础。这些要素不仅关系到投资的法律合规性,还直接影响到投资双方的权益和责任。因此,投资协议应详细规定这些关键内容,以避免未来可能出现的纠纷和不确定性。

第一,投资协议需要明确合同标的的内容、性质、种类和价值。合同标的通常是指投资方所投资的对象,例如某一公司的股权、资产或项目。协议中应清晰描述这些标的的具体细节,包括其法律地位、经济价值和潜在的商业前景。这不仅有助于投资方全面了解其投资对象的实际情况,也为双方提供了一个明确的基础,确保交易的透明度和可操作性。明确标的的性质和种类还有助于识别潜在的法律风险和合规要求,确保交易符合相关法律法规。

第二,协议应详细说明投资方进行投资的具体方式。这可能包括新增资本的数额、投资方在目标公司中的持股比例变化等,投资方式的选择直接影响到投资方在公司治理中的话语权和控制力。例如,投资方可以选择通过直接购买现有股东的股份来获得股权,或者通过增资扩股的方式来稀释其他股东的持股比例。无论哪种方式,协议中都应明确规定投资方的权利和义务,以确保双方的利益得到合理的保护。

第三,投资协议中还需约定投资交易涉及的股权价格、数量和比重,以及具体的支付方式、交付的时间和地点。这些条款是交易的核心部分,直接关系到交易的成功与否。协议应明确股权价格的计算

第三章 我国企业"走出去"的法律风险分析

方法,是否包含任何溢价或折扣,以及支付的具体条件和时间节点。此外,协议中还应规定交付的地点和方式,以确保交易的顺利完成。通过详细规定这些要素,投资协议可以为双方提供一个清晰的交易框架,减少不确定性,增强双方的信任和合作意愿。

总之,明确投资标的、投资方式和交易价款是投资协议的核心内容,对确保交易的合法性和有效性至关重要。通过详细规定这些要素,投资协议可以为双方提供一个清晰的法律基础,确保交易的成功和双方利益的最大化。

2. 陈述和保证条款

在企业并购和投资交易中,陈述和保证条款是确保交易透明度和降低风险的关键法律工具。这些条款不仅为买方提供了对目标公司全面了解的机会,也为卖方设定了信息披露的责任和义务。通过明确的陈述和保证,买方可以对目标公司的实际情况形成合理预期,从而做出明智的投资决策,一般包括以下内容:

第一,陈述和保证条款通常要求卖方确认目标公司是依法成立并有效存续的。这一条款的目的是确保目标公司的法律地位和运营合法性。买方需要确信目标公司已经在相关法律框架下注册,并且具备开展其业务所需的所有必要审批和许可。这包括营业执照、行业特定的许可证以及其他可能影响公司合法运营的文件。通过这一保证,买方可以避免因目标公司的法律地位不明确而导致的潜在法律纠纷和运营中断。

第二,卖方需保证投资协议的签订符合相关法律法规和行业准则,并且与目标公司现有的法律文件没有冲突。这一条款确保交易的合法性和合规性,避免因协议条款与现有法律文件不一致而引发的法律风险。例如,目标公司可能已经签署某些合同或协议,这些文件可能包含限制性条款或优先权安排。如果新签订的投资协议与这些文件冲突,可能会导致法律纠纷或合同违约。因此,卖方需要详细披露目标公司的法律文件,并保证投资协议的条款与之相符。

第三,卖方应陈述目标公司未在其资产上设立抵押、质押、留置等权利负担。这一条款旨在确保目标公司的资产状况清晰,无任何隐性负担或限制。买方需要确信目标公司的资产没有被用于担保第三方债务,也没有受到任何权利限制或法律争议。这对于评估目标公司的财务健康和资产价值至关重要。如果目标公司的资产被抵押或质押,可能会影响其运营能力和财务稳定性,从而增加买方的投资风险。

第四,卖方需保证目标公司没有未披露的重大债务。未披露的债务可能对目标公司的财务状况产生重大影响,甚至导致财务危机。因此,卖方需要全面披露目标公司的所有债务,包括短期和长期债务、或有负债以及任何潜在的财务承诺。这一保证条款有助于买方全面评估目标公司的财务风险,并在交易中做出相应的安排,例如调整交易价格或设置特定的财务条款。

第五,过渡期内企业不得分配利润,原股东不得转让其所持有的股票。这一条款旨在保护买方的利益,确保在交易完成之前,目标公司的财务状况和股权结构保持稳定。过渡期通常是指从签署投资协议到交易正式完成的这段时间。在此期间,目标公司不得进行利润分配或股权转让,以防止因财务操作或股权变动而影响交易的公平性和合理性。

第六,卖方需保证信息披露的真实性与完整性。信息披露是投资决策的基础,买方对目标公司的了解主要依赖于卖方提供的信息。因此,卖方需保证其披露的信息真实、准确、完整,并对信息的任何虚假陈述或重大遗漏承担法律责任。这一条款不仅保护了买方的权益,也促使卖方在信息披露过程中更加谨慎和负责。

3. 公司治理条款

在股权投资或并购交易中，投资人与目标公司原股东之间的协议安排是确保交易安全、实现投资目的的关键法律文件。其中，公司治理权的分配条款是协议的核心内容之一，直接关系到投资完成后各方对公司的控制力与利益平衡。通过合理的治理权安排，投资人可以在保障自身权益的同时，维持目标公司运营的稳定性，降低投资风险。

第一，投资人通常会要求在协议中明确约定重大事项的一票否决权。这一权利赋予投资人对公司重大决策的否决权，例如公司合并、分立、解散、增资减资、重大资产处置、对外担保等事项。一票否决权的设置可以有效防止原股东或管理层单方面作出可能损害投资人利益的决策，确保投资人在公司重大事项上拥有足够的制衡能力。然而，这一权利的行使也需谨慎，过度使用可能影响公司决策效率，甚至导致公司治理僵局。因此，协议中通常会明确一票否决权的适用范围和行使条件，以平衡投资人的保护需求与公司运营的灵活性。

第二，投资人通常会争取对董监高的提名权。董事会和监事会是公司治理的核心机构，掌握着公司战略决策和运营监督的权力。通过提名董事或监事，投资人可以直接参与公司管理，确保自身利益在公司决策中得到充分体现。例如，投资人可以提名财务总监或独立董事，以加强对公司财务状况的监督。此外，投资人还可以要求在公司章程中明确其提名权的具体范围和程序，以防止原股东或管理层通过修改章程等方式削弱投资人的治理权。

第三，投资人的知情权也是协议中的重要条款。知情权包括定期获取公司财务报表、经营报告、重大合同信息等权利。通过充分的信息披露，投资人可以及时了解公司的经营状况和财务健康程度，从而评估投资风险并作出相应决策。为确保知情权的有效行使，协议中通常会明确信息披露的频率、内容和形式,并约定原股东或管理层未履行信息披露义务的违约责任。

第四,利润分配的决定权也是投资人关注的重点。投资人通常会要求在协议中约定利润分配的政策和程序,例如每年利润分配的比例、时间以及优先分配权等。对于优先股投资人,还可以约定优先分红权,即在公司进行利润分配时,优先股股东有权优先于普通股股东获得分红。这一安排可以确保投资人在公司盈利时获得稳定的回报,降低投资风险。在投资协议签订后至协议履行前的过渡期内,投资人通常会要求目标公司维持现状,不得处分公司资产和股权。这一条款的目的是防止原股东或管理层在交易完成前采取可能损害公司价值或干扰交易进程的行为。例如,原股东可能会通过低价出售公司资产、转移核心业务或增加公司债务等方式损害公司利益。为防止此类风险,协议中通常会明确约定过渡期内的限制事项,包括禁止出售重大资产、禁止对外担保、禁止增加债务、禁止变更股权结构等。

同时,协议还会约定过渡期内的监督机制,例如投资人有权委派代表参与公司管理,或要求公司定期报告经营状况。总之,投资协议中的治理权分配条款是投资人与原股东之间利益平衡的体现。通过明确一票否决权、董监高提名权、知情权和利润分配权等重大权利,投资人可以在交易完成后有效保护自身利益,同时维持目标公司的正常运营。而在过渡期内维持现状的约定,则为投资人提供了额外的安全保障,确保交易顺利完成。这些条款的设计和谈判需要充分考虑交易的具体情况、各方的利益诉求以及相关法律法规的要求,以实现交易各方的共赢。

4. 交易结束条款

在股权投资或并购交易中,交易结束条款是投资协议的核心内容之一,它明确了交易完成前双方需要满足的各项条件,并为交易双方提供了在特定情况下终止合同的依据。这些条件通常包括法律合规性要求(如获得政府批准或备案)、财务和业务稳定性(如目标公司未发生重大不利变化)、交割文件的准备(如股权转让协议和公司章程修正案)、第三方同意或豁免(如重要客户或债权人的书面同意)以及投资人内部审批(如董事会或投资委员会的批准)等。如果在约定的交易结束时间到来之际,一方未能满足另一方提出的条件,则另一方有权根据协议约定采取相应的措施,例如延长交易结束期限以便完成相关条件,解除合同并终止交易,或追究违约责任。交易结束条款的设计旨在确保交易的安全性和可执行性,通过明确约定各方的责任和义务,可以有效降低交易风险,避免因一方未能履行义务而导致交易失败或产生争议。此外,交易结束条款还为交易双方提供了灵活的退出机制,例如在目标公司发生重大不利变化时,投资人可以依据协议约定解除合同并终止交易,从而避免进一步损失。在实务中,交易双方需要注意条件的合理性和可操作性,明确条件的优先级,并设置适当的补救机制,以确保交易的顺利完成。

5. 出售权条款

在股权投资协议中,出售权条款是投资方保护自身利益的重要机制之一,旨在确保投资方在目标公司丧失投资价值或价值降低的情况下能够顺利退出。出售权条款主要包括共同出售权条款和强制出售权条款两类。共同出售权条款赋予投资方在目标公司原股东出售其股权时,以相同条件按比例出售自身股权的权利,从而避免因原股东退出而导致投资方被"锁定"在公司中无法退出。这一条款通常适用于原股东将其股权出售给第三方的情况,确保投资方能够与原股东享有同等的退出机会。强制出售权条款则赋予投资方在特定条件下强制要求原股东一同出售股权的权利,例如在投资方找到合适的买方或目标公司未能实现预期业绩时,投资方可以要求所有股东以相同条件出售股权,从而确保投资方能够顺利实现整体退出。这两类条款的设计旨在平衡投资方与原股东之间的利益,既保护了投资方的退出权利,又避免了因单方面退出而对公司经营造成不利影响。在实务中,出售权条款的具体内容需要根据交易的具体情况进行协商,例如明确触发条件、出售程序、价格确定机制以及买方的资格要求等,以确保条款的可操作性和公平性。通过合理设计出售权条款,投资方可以在目标公司发展不如预期或市场环境发生变化时,最大限度地保护自身利益,降低投资风险。

6. 赔偿责任条款

在股权转让协议中,赔偿责任条款是保障买方合法权益的核心内容之一,应当予以充分重视和详细约定。该条款应当明确规定,当目标企业存在违约行为或交付的财产状况与协议约定不符时,卖方应当承担的赔偿责任范围、计算方式及履行期限等具体内容。具体而言,赔偿责任应当涵盖直接损失、间接损失以及为实现债权所产生的合理费用,包括但不限于资产评估费、律师费、诉讼费等。同时,为有效防范目标企业为获取更高交易对价而虚报或隐瞒财产价值的道德风险,协议中应当设定严格的赔偿标准,如按照虚报金额的1.5倍至3倍进行惩罚性赔偿,并明确约定卖方对所提供的财务报表、资产清单等文件的真实性和完整性承担连带保证责任。此外,建议在协议中设置分阶段赔偿责任机制,根据违约行为的严重程度和造成的实际损失,设定不同层级的赔偿标准,以确保赔偿责任的合理性和可执行性。为增强条款的可操作性,还应当明确约定赔偿金的支付方式和期限,建议采用一次性支付或分期支付相结合的方式,并约定逾期支付的违约金计算标准。为确保赔偿责任的有效履行,建议要求卖方提供相应的履约担保,如银行保函、第三方保证或设定资产抵押

第三章 我国企业"走出去"的法律风险分析

等,以最大限度地降低买方的交易风险,维护交易安全。

(二)合同中可能存在的风险

1. 合同标的风险

合同标的是合同的核心内容,直接关系到双方的权利义务和合同目的的实现。如果合同中对标的的约定不清晰,例如对产品或服务的具体规格、性能、数量、交付时间等描述模糊,可能导致双方对合同应达成的目标存在理解差异,进而引发争议。例如,在货物买卖合同中,如果未明确约定货物的质量标准,卖方可能提供符合行业标准但不符合买方实际需求的产品,从而导致买方无法实现合同目的。此外,标的的数量和交付时间约定不清也可能导致违约风险。例如,在建筑工程合同中,如果未明确约定工程的具体范围和进度要求,可能导致工期延误或工程质量不达标。为避免合同标的风险,双方应在合同中尽可能详细地描述标的的具体特征,并明确适用的质量标准、验收方法和争议解决机制,以确保合同顺利履行。

2. 合同价值风险

合同价值风险是指合同的经济价值可能因外部因素的变化而受到影响,导致合同履行效果与预期不符。例如,在国际贸易合同中,汇率波动可能导致合同的实际收益或成本发生变化。如果合同以美元计价,而买方所在国家的货币贬值,则买方可能需要支付更多的本地货币才能完成交易,从而增加其成本压力。此外,市场波动、原材料价格变化、劳动力成本上升以及财税政策调整等因素也可能影响合同的价值。例如,在长期供应合同中,如果原材料价格大幅上涨,卖方可能面临成本压力,甚至无法按原定价格履行合同。为应对合同价值风险,双方可以在合同中约定价格调整机制,例如根据市场价格指数或汇率变化调整合同价格,或者通过套期保值等金融工具对冲汇率风险。

3. 生产经营风险

生产经营风险是指企业在合同履行过程中可能面临的与生产、运营相关的风险。例如,原材料价格波动、供应链中断、技术故障、劳动力短缺等因素,可能导致生产成本上升或生产效率下降。此外,市场需求的变化也可能对企业的生产经营产生重大影响。例如,如果市场需求突然下降,企业可能面临库存积压和资金周转困难的问题。在东道国投资的情况下,环境变化也可能对企业的生产经营活动造成不利影响。例如,在基础设施建设项目中,如果东道国发生政治动荡,可能导致项目停工或资产损失。为降低生产经营风险,企业应在合同履行前进行充分的市场调研和风险评估,并制定应急预案,以应对可能出现的突发情况。

4. 法律变化的风险

在法律制度相对不完善或稳定性较差的国家,法律变化的风险尤为突出。例如,东道国政府可能突然提高市场准入标准、增加税收或实施外汇管制,导致投资者的合同利益无法实现。例如,在能源开发项目中,如果东道国政府突然提高资源税或环保标准,可能导致项目成本大幅增加,甚至无法继续运营。此外,法律变化还可能影响合同的合法性和可执行性。例如,如果东道国政府颁布新的法律法规,禁止或限制某些行业的投资,可能导致合同无法履行。为应对法律变化的风险,投资者应在合同中加入稳定性条款(Stabilization Clause),约定在合同履行期间,即使法律发生变化,东道国政府也应保证合同的合法性和可执行性。此外,投资者还可以通过购买政治风险保险等方式转移风险。

5. 不可抗力风险

不可抗力风险是指因自然灾害、战争、罢工、政府行为等不可预见、不可避免且无法克服的事件,导致合同无法履行或部分履行的风

第三章 我国企业"走出去"的法律风险分析

险。例如,在建筑工程合同中,如果发生地震、洪水等自然灾害,可能导致工程停工或损坏,从而影响合同的履行。此外,政府行为(如征收、征用、禁令等)也可能构成不可抗力事件。为应对不可抗力风险,双方应在合同中明确约定不可抗力事件的范围、通知程序、责任免除以及合同解除或延期履行的条件。例如,可以约定在不可抗力事件发生后,受影响的一方应及时通知另一方,并提供相关证明文件,双方应根据事件的影响程度协商调整合同履行计划或解除合同。

四、企业经营整合的风险

在海外投资尤其是跨国并购活动中,并购交易的完成仅仅是整个并购过程的起点,而非终点。并购后的整合阶段往往才是决定并购成败的关键环节。这一阶段涉及战略协同、组织架构调整、业务流程再造、人力资源整合、企业文化融合等多个维度,是一个复杂而系统的工程。统计数据显示,全球范围内仅有19%的跨国并购案例能够真正创造预期价值,而超过47%的并购案例不仅未能实现协同效应,反而侵蚀了企业原有的价值基础;更有约3%的并购案例由于整合策略失当,仅实现了部分价值创造。这些数据充分表明,并购后整合不力已经成为制约跨国并购成功的主要原因。

并购整合过程中面临的首要挑战是业务转型与组织重构的风险。并购双方在业务模式、市场定位、产品结构等方面往往存在显著差异,需要进行战略性调整和优化。然而,这一过程可能引发资源配置失衡、核心业务受损、市场份额下降等问题。特别是在涉及多个国家和地区的跨国并购中,不同市场的监管环境、消费习惯和竞争格局的差异,进一步加大了业务整合的难度。此外,组织架构的调整往往伴随着权力重构和利益再分配,容易引发管理层动荡和员工抵触情绪,影响企业的正常运营。

人力资源整合与文化融合是另一个重大挑战。并购后的企业需要面对不同国家、不同文化背景的员工队伍,在薪酬体系、绩效考核、职业发展等方面需要进行有效整合。研究表明,超过60%的并购失败案例与人力资源整合不当直接相关。文化整合则更为复杂,涉及企业价值观、管理风格、决策机制等多个层面。东西方文化差异、企业规模差异、行业特性差异等因素都可能引发文化冲突,导致关键人才流失、团队协作效率低下,甚至出现"文化休克"现象,严重影响企业的运营效率和发展潜力。

鉴于并购整合的高风险性,企业需要建立科学的整合管理体系。首先,应在并购前制定详细的整合计划,明确整合目标、策略和时间表。其次,建立专门的整合管理团队,负责协调各方资源,推进整合进程。再次,注重沟通机制的建立,及时化解整合过程中的矛盾和冲突。最后,建立有效的绩效评估体系,动态监控整合效果,及时调整整合策略。只有通过系统化、专业化的整合管理,才能最大限度地降低整合风险,实现并购的预期价值,避免社会资源的浪费,促进整个行业的健康发展。

第四章

企业"走出去"的风险防范及法律保障

在经济全球化纵深发展和国内国际双循环新发展格局加速构建的背景下,中国企业"走出去"战略已成为推动高质量发展、参与国际竞争合作的重要路径。然而,随着国际经贸环境日趋复杂,地缘政治博弈加剧,跨国经营面临的法律风险呈现出系统性、交叉性特征。从反垄断审查到国家安全壁垒,从知识产权纠纷到环境责任规制,企业在海外投资、并购及运营过程中遭遇的合规挑战不断升级。与此同时,东道国政策法律变动、第三方市场合作争议以及国际经贸规则重构等外部变量,进一步放大了跨境经营的不确定性。本章立足企业和政府双重治理视角,系统探讨构建法律风险防范体系的实施路径:一方面聚焦企业主体,围绕合规管理、风险预警、争端解决等环节提出实务操作方案;另一方面着眼国家治理层面,剖析法律制度完善、国际规则运用、双边机制构建等保障措施,旨在为中国企业高质量"走出去"提供立体化法律支持体系。

第一节 我国企业防范法律风险的措施

在经济全球化与区域竞争交织的背景下,我国企业"走出去"面临复杂的法律风险。作为跨国经营的核心责任主体,企业需主动构建系统性风险防控机制,既要应对反垄断审查、国家安全壁垒等东道国监管挑战,又要规避知识产权纠纷、环境责任索赔等国际合规陷阱,同时还要平衡劳工权益、融资结构、合同履约等多元利益关系。本节立足企业实践视角,从风险识别、合规框架搭建到属地化经营策略,逐层解析法律风险防范的关键路径,为跨国运营提供可操作的合规指引。

一、反垄断法律风险的防范

在全球经济一体化背景下,中国企业"走出去"战略面临的首要挑战就是反垄断法律风险。随着国际并购交易规模不断扩大,各国反垄断监管日趋严格,反垄断审查已成为跨国并购中最主要的法律障碍之一。据统计,超过30%的跨国并购交易因未能通过反垄断审查而被迫终止或重组。中国企业海外投资失败率远高于西方发达国家,其中相当一部分案例源于对东道国反垄断法律体系的认知不足。以美国为例,其反垄断执法机构采用"合理原则"和"本身违法原则"双重标准,对横向并购、纵向并购和混合并购实施差异化审查;欧盟则建立了以"严重妨碍有效竞争"(SIEC)为核心的审查标准,并特别关注对创新市场竞争的影响。这些复杂的法律体系要求中国企业在海外投资前必须进行充分的法律准备,包括深入了解东道国反垄断法律体系、科学评估投资风险、培养专业法律人才等多个维度,以构建全面的反垄断风险防范机制。

第一,深入了解东道国反垄断法律体系。中国企业海外投资失败率远高于西方发达国家,究其原因,多数是因为企业在进行海外投资前没有深入了解东道国海外投资的法律环境。基于此,企业自身应该仔细阅读目标公司所在国对相关市场的界定,分析其反垄断法制

第四章 企业"走出去"的风险防范及法律保障

体系现状。其中,欧盟和美国在规制垄断行为方面具有表率作用,欧盟从产品和地域两个市场界定相关市场,美国联邦最高法院制定了"合理替代性原则"和"需求交叉弹性标准"。受思维定式的负面影响,相当一部分中国企业在开展海外并购时缺少法律风险防范意识,不少企业的决策者们忽视了海外并购的经济可行性,制定企业重大项目决策时没有充分听取法律专家的意见。未来,企业应该根据自身行业的特点,深入了解可能引起法律风险的东道国的相关法律法规制度,在认真评估之后再正式进行海外投资。①

第二,科学评估东道国的投资风险。在海外投资过程中,为规避因投资决策失误引发的反垄断风险,企业应该积极和专业中介机构进行合作,接受对方所提供的反垄断法律服务,多层次、全方位地了解东道国的投资风险。考虑到东道国的投资咨询公司更了解本国的投资行业发展现状,能够深入剖析现行投资政策,企业应该向目标公司的投资咨询公司进行咨询,如果目标公司的确存在较大的投资价值,且并购成功和并购后成功运营的可能性非常大,则再制定下一步并购计划。以2015年发生的一则政治风险为例:2015年3月,斯里兰卡政府以未得到相关机构许可为由,禁止中国企业继续在斯里兰卡推进科伦坡港口城项目。对于这类政治风险,可以通过预防、投保和争议三种解决方式应对,而预防是成本最低也是最有效的解决方式。海外投资中,企业必须进行尽职调查,避免在政治时局动荡、法制不健全的国家投资并购企业,要主动与东道国的执政党、在野党以及政府进行沟通交流。企业要密切关注当地媒体的舆论动态,开展大规模民意调查,为后期海外并购营造积极向上的舆论氛围。这里的尽职调查虽然不是预防东道国政治风险的必要条件,但效果是最

---

① 参见杨子砚:《外商并购国内企业的反垄断法律问题研究》,载《法制与经济(下旬刊)》2012年第12期。

好的。一方面,垄断性并购集中在横向领域,企业应该仔细做好投资策略,了解东道国的并购管制政策。例如,美国在实践中经常会根据行业的差异选择合理的管制方法,如果该产业在美国本土经济结构中占有很大的比例,会限制外国公司对其进行并购投资;如果该产业和社会安全联系密切,如医药行业,会限制从事该行业的外国公司的持股比例。另一方面,在正确评估东道国投资风险后,企业应该立即制定具体的并购计划和方案,促进并购方式的多元化。

第三,强化国际化复合型法律人才培养,完善企业法律部门架构。当前,我国企业法律人才储备与跨国经营需求存在显著差距。以联想集团为例,2023 财年其全球营收达 619 亿美元,若参照国际 IT 行业"10 亿美元收入配备 4.7 名律师"的通行标准,理论需配置约 290 名法律顾问,但公开资料显示,其全球法务团队规模不足百人。值得关注的是,联想近年来已设立首席法务官职位,并引入了多位跨国律所精英,但相较于 IBM 等国际巨头(全球法务团队超 2000 人)仍存在差距。这折射出我国企业普遍存在的法律资源配置短板,亟须通过专项培训、跨国人才引进、法务数字化赋能等方式构建与国际化战略匹配的法律支持体系。为帮助企业防范海外投资过程中可能遇到的反垄断审查等法律问题,中国企业应该进一步加大培养高素质、国际化法律人才的力度,增加法律人才在企业员工结构中的比重。企业也可以利用各种外交机会,或者通过民间机构,与东道国政府进行交流与沟通,熟悉海外并购对象国的政治环境。对于政治阻力较大的国家,可以在该国专门设立合资企业,并将这些企业作为海外并购的代理者,从而降低因东道国政府干预引发的海外投资失败概率。

第四,动态优化投资方案,灵活运用救济措施应对反垄断审查。以欧盟为例,2019—2021 年期间,欧盟委员会禁止的并购案件仅占审查总量的 0.6%,而附条件批准的占比为 7.4%。近年来典型案例有微软收购动视暴雪(2023年),通过承诺开放云游戏授权等行为性救济措施获欧盟批准。企业需建立预案机制,在交易设计中预埋救济条款,并动态评估东道国可能新增的附加条件(如技术共享、市场准入限制等),以平衡合规与商业目标。我国企业应该正视海外投资的失败,从中汲取教训,一次的并购投资并不会全盘否定过去的努力。例如,在经历数次并购失败后,中集集团最终间接收购了荷兰博格公司。该案例启示我们,通过采取重新设立新的公司间接持股、剥离部分可能产生垄断的资产等救济措施,就有可能扭转海外并购的失败局面,迎来成功的曙光。需要特别注意的是,救济措施的内涵非常多,如以救济措施的具体内容为分类依据,就包括结构型救济、行为型救济以及混合型救济三种方式。企业应该根据海外并购时所处的情形选择恰当的救济措施,使用频率较高的救济措施,包括拆分目标企业、解散目标企业等。

综上所述,企业在"走出去"的过程中面临各种反垄断风险,应该进一步加强本土企业海外投购中存在的反垄断法律问题研究,梳理往期海外企业投购的成功和失败案例,从中总结经验、汲取教训,积极探讨针对反垄断法律风险的防范措施。未来还需要充分研究如何降低防范反垄断审查法律风险的成本,提高其技术含量,形成一套更为科学、成熟、完善的反垄断法律风险防范体系。

二、国家安全审查风险的防范

国家安全审查属于国内法的范畴,并不受到国际条约、国际惯例或国际仲裁制度的制约。因此,事前了解东道国国内的法律以及修法动态,并做好充分准备,找准时机,快速推进投资活动,避免"夜长梦多",是应对这类"目的性"解释与"倾向性"立法的最佳策略。具体的应对方式主要体现在以下几个方面:

第一,充分了解东道国与国家安全审查相关的法规。企业在海外投资过程中,适用的法律法规通常与其国内法律差异巨大,且不同国家和地区的法律千差万别。如果企业在进入东道国之前没有对当地的法律加以了解,很有可能受到东道国的否决甚至处罚。因此,国内企业在开展投资活动之前,要重视尽职调查的作用,聘请专业人员调研东道国与国家安全审查相关的法律和行政法规,同时还要关注类似企业在该国投资的情况并作为参考,以充分了解企业在投资活动中可能会遇到的法律障碍,寻求相应的应对措施。

第二,加强与目标企业的沟通。企业在海外投资中的目标方,即目标企业,往往是东道国的国内企业,相对于外国企业,目标企业在相关政府部门沟通和出面解决法律问题方面有着天然的优势。尤其是在现今国际贸易竞争愈发激烈的背景下,中国企业在美国和欧洲等国家的并购活动相对其他国家更容易受到国家安全审查。因此,加强与目标企业的沟通与合作就显得非常重要,双方可以利用各自的优势,扬长避短,共同促进海外投资活动的顺利完成。

第三,获得母国政府的支持。在对外投资的国家安全审查中,一方面,企业力量毕竟有限,难以获得东道国的全面信息;另一方面,企业面对的是一国政府,交涉双方地位悬殊。此时若有本国的政府出面加以协助,就能大大改善这一问题。目前,许多国家都设立了专门的政府机构或公营法人团体,专门负责对其他国家的投资风险进行识别和分析,并向本国投资者发布风险预警,如日本的日本贸易振兴会就是由日本政府成立,为海外投资者提供当地投资情报和风险评估的机构。此外,还有一些国家设立了一些专门机构,以政府的身份出面协调本国企业在海外受到的损害。因此,企业在对外投资中一定要积极寻求政府的支持,全程保持与政府的密切沟通,以保证政府既能为企业提供有价值的商业和政治信息,又能从国家层面上为企

第四章　企业"走出去"的风险防范及法律保障

业提供实质性的帮助。

第四,聘用专业团队完成投资活动。在国际市场上,任何大型的直接投资或并购交易案例的完成都离不开跨国律师事务所、大型咨询公司和知名投行的身影。这些专业团队有着丰富的交易经验和较强的专业知识,相较于企业,它们往往更加了解东道国关于国家安全审查的具体规定,能够为企业提供信息服务、协调关系。因此,聘请专业团队往往可以达到事半功倍的效果。值得一提的是,中国企业在参与对外投资活动时还可以聘用在当地定居的华人律师,他们往往既了解中国的国情,又熟知当地法律。

三、劳动者法律风险的防范

在全球化经营背景下,劳动者法律风险已成为中国企业海外投资面临的重要挑战之一。跨国并购不仅涉及资产和业务的整合,更关系到人力资源的优化配置。由于各国劳动法律制度存在显著差异,加之文化背景、工会力量、员工权益等因素的影响,海外投资中的劳动者法律风险呈现出复杂性和多样性的特征。据统计,超过40%的跨国并购案例因未能妥善处理劳动者问题而导致整合失败。特别是在欧美发达国家,严格的劳动保护法规、强大的工会组织以及高昂的解雇成本,使得劳动者法律风险管理成为海外投资成功的关键因素。为此,企业需要建立系统的风险防范机制,包括借助专业中介服务、构建内部法律团队、完善管理制度等多个层面,以确保在遵守东道国劳动法规的同时,实现人力资源的平稳过渡和有效整合。

第一,中国企业海外投资是卖方与买方之间一种复杂的产权交易形式,有时会涉及海外员工存在抵触情绪等问题,企业和员工如何有效地沟通、对接,需要专业的服务机构提供帮助。为此,企业内部要形成对外包中介资质审查的机制与规范,并采用类似招标的方式来进行。此种操作模式,一方面使企业对中介外包有更大的选择空间;另一方面可形成中介团队之间的良性竞争关系,使企业获得更高质量的专业服务。

第二,企业自建劳工法律服务团队。构建企业自营模式下的劳工法律服务团队,能够提高法律团队服务的有效性及针对性,同时提高运营效率。企业对于劳工法律风险团队的构建应该高瞻远瞩,注重增加精通劳动法律体系的专业人才,帮助企业充分了解员工权益保护方面的法律,有效降低劳工方面的法律风险。在具体的构建过程中应该注意两方面问题:一是人才结构以国内法律人才为主,辅之以目标国法律专业人员,以便更好地了解目标国的劳工法律;二是在人才使用层面应该人尽其用,并结合企业管理、企业绩效等多种模式,建立岗位责任制度,确保相关管理工作能够落到实处。①

第三,建立健全劳动管理制度体系。企业应当根据东道国劳动法律要求,建立完善的劳动管理制度,包括劳动合同管理、薪酬福利体系、绩效考核机制等。在劳动合同管理方面,要特别注意东道国对劳动合同期限、试用期规定、解雇条件等的特殊要求;在薪酬福利方面,要充分考虑当地最低工资标准、社会保险缴纳比例、带薪休假制度等强制性规定;在绩效考核方面,要建立符合当地文化习惯的评估体系,避免因文化差异引发劳资纠纷。同时,企业还应建立劳动争议预防和处理机制,设立专门的员工关系管理部门,及时化解潜在的劳动纠纷。

第四,加强跨文化沟通与员工关系管理。海外投资中的劳动者法律风险往往与文化差异密切相关。企业应当重视跨文化管理,建立有效的沟通机制,通过定期举办文化融合活动、设立员工意见反馈渠

---

① 参见刘凤军等:《关于行业协会与行业发展的调查研究——以中国外商投资协会租赁业委员会为例》,载《经济与管理研究》2005年第7期。

道等方式,增进管理层与员工之间的相互理解。同时,要重视工会组织的作用,在投资前期就与当地工会建立良好关系,了解工会的诉求和立场。对于关键岗位员工,可以制定个性化的留任方案,通过股权激励、职业发展规划等方式,确保核心团队的稳定性。此外,企业还应当建立员工培训体系,帮助员工适应新的企业文化和管理模式,促进双方的价值认同。

四、环境保护风险的防范

目前,环境保护风险已成为中国企业海外投资面临的重要挑战之一。随着各国环境保护法律法规的不断完善和环境执法力度的持续加强,环境合规成本显著上升,环境法律风险日益凸显。特别是在能源、矿产、化工等高环境敏感行业,环境风险已成为影响投资决策的关键因素。据统计,超过30%的海外投资项目因环境问题遭到东道国政府审查或当地民众抵制。环境风险不仅可能导致项目停工、巨额罚款,还可能引发声誉损害和投资者信心下降。因此,建立系统的环境保护风险防范机制,包括构建环境案例数据库、完善环境监测体系、加强环境技术投入、推进环境信息披露等,对于确保海外投资项目的顺利实施和可持续发展具有重要意义。

第一,政府引导企业建立环境保护案例数据库。针对上述环境法律风险,存在的问题主要是我国并未充分注意前期调查投资风险。因此,为防范此风险,要积极建立海外并购案例数据库。政府应该积极引导行业内某一龙头企业,以其为首,对该行业内的海外并购案例进行分析、研判、整合,从而对其他企业海外并购形成示范、指导。例如,在石油行业中,由于中石化发起的海外并购数量较多,其关于规避环境法律风险方面具备丰富的经验,掌握的资源和信息也较多,因此可以中石化为首,发起组建能源行业海外并购案例库,指导其他企业实施海外并购。此外,政府还需收集相关环境法律风险数据,数据的收集既应该包括目标国的环境法律制度分析,也应该包含近年来环境风险相关案例,之后建立数据分析系统,对收集的数据进行客观分析,给我国并购企业提示环境风险之所在。通过对上述数据进行分析,可为后续环境法律风险的识别、研判以及相应风险防控体系的建立提供可靠依据,有效降低海外并购中的环境法律风险。[1]

第二,企业加强监测和防范,降低环境风险。我国的资源型企业长期以来环保观念和意识较为薄弱,导致环保设备和环保技术较为落后。虽然近年来国内企业在环境保护方面也作出了诸多努力,但与发达国家和长久以来提倡环保国家的企业相比,仍存在较大差距。这种差距极易使我国石油企业在海外并购中触犯当地环保法律,而引起当地环保法律诉讼风险和制裁。我国应该强化国内环境保护法制,加强向海外能源领域投资的中资企业的东道国环境责任和社会责任。同时,政府要从法律上保护和维护中国海外能源投资企业的正当合法利益。[2] 此外,我国应科学认识环境风险这一非常规风险,建立日常化的环境风险防范和应急措施机制,并购前加大可能导致的环境压力风险评估,针对生产作业中容易发生的环境事故加强监测和管理,健全环境保护规章制度,加强与东道国在生态环境保护上的国际合作。[3]

第三,加大环境保护技术投入和人才培养。企业应当加大对环境保护技术的研发投入,引进先进的污染治理技术和设备,提高环境风险防控能力。特别是在废水处理、废气治理、固体废物处置等领域,

---

[1] 参见李自杰等:《中国企业海外并购的特征、问题及对策研究——基于141起海外并购案例》,载《东北大学学报(社会科学版)》2010年第4期。

[2] 参见何力:《国际环境法硬法化趋势下的中国海外能源投资》,载《东方法学》2011年第1期。

[3] 参见詹小颖:《我国石油企业海外并购风险与策略分析——基于中海油并购尼克森案的启示》,载《对外经贸实务》2015年第12期。

要建立符合国际标准的技术体系。同时,要重视环境管理人才的培养,建立专业的环境管理团队,定期开展环境法律法规培训和应急演练。建议企业与国内外科研机构合作,开展环境技术联合攻关,提升环境风险防控的科技含量。此外,还可以通过设立环境保护专项基金,支持环境技术创新和环境管理能力建设。

第四,完善环境信息披露和公众沟通机制。企业应当建立完善的环境信息披露制度,定期发布环境报告,主动披露环境保护措施和绩效。在项目投资前期,企业要进行充分的环境影响评估,并将评估结果向社会公开,接受公众监督。同时,要建立有效的公众沟通机制,通过举办社区座谈会、环境开放日等活动,增进与当地社区和环保组织的沟通交流。对于可能产生环境影响的投资项目,要提前制定环境应急预案,建立环境风险预警机制,确保在发生环境突发事件时能够及时响应和妥善处理。此外,还可以通过参与东道国的环境保护项目,履行企业社会责任,树立良好的企业形象。

五、知识产权风险的防范

就当前我国的知识产权贸易发展来看,还存在较多的问题,这些问题导致我国企业在海外并购的过程中蒙受巨大损失。为了保障企业的长久发展,我国企业应当在海外并购过程中注意建立健全知识产权价值评估体系。首先,对海外并购的相关法律法规进行完善,特别要注重针对跨国并购知识产权价值评估进行专门规定,此举将促使立法更加符合中国实际情况。其次,更须做好知识产权测评机制的建设工作,重点防范知识产权的侵权风险。此外,国家要做好对企业知识产权战略的领导,不断强化管理意识[1],创造出属于自己的知

---

[1] 参见孙凌云:《我国知识产权反垄断的执法研究》,载《河南财经政法大学学报》2013年第5期。

识产权审查模式。第一,中央政府应掌握基本的外资并购监管、审批权限。在早些时期,有的地方政府为了吸引外资,放宽了对外商投资审查,对此后的知识产权价值评估造成了较大的损失。因此,在对知识产权价值评估的过程中,政府应该加强监管,有效防止地方政府为追求私利而置国家利益于不顾。第二,逐步建立知识产权评估项目随机复查和听证制度。财政部和地方政府应该每年对进行并购的知识产权项目进行抽查,对其价值的评估进行复核审查,以便及时发现其中的不足,并及时加以纠正和完善。第三,政府应着眼于一些涉及国家经济命脉的领域和行业,比如武器制造,尽量降低外国的参与度,同时还应做好相应的保密措施,确保国家信息安全。总之,国家在进行海外并购知识产权价值评估的过程中,要充分发挥自己的力量,加强评估工作的监督力度,保护中国的企业,如果发现有违反规定的行为,不管是国内企业还是海外企业,都要立刻终止并购活动,并且按照中国的法律对其进行处罚。

六、政治风险的防范

在经济全球化深入发展的今天,跨国经营已成为企业拓展市场、获取资源的重要战略选择。然而,国际政治经济格局的深刻变革使得政治风险日益凸显,成为跨国企业面临的最严峻挑战之一。政治风险具有突发性、不可控性和破坏性强的特点,一旦发生,往往会给企业带来巨大损失。近年来,地缘政治冲突加剧、贸易保护主义抬头、国际制裁频繁发生,使得政治风险防范成为跨国企业必须高度重视的战略议题。

政治风险的防范需要建立在对投资环境的全面评估和持续监测基础之上。企业应当建立专业的政治风险评估团队,深入分析东道国的政治体制、政策连续性、社会稳定性、法律环境等关键因素。同时,要特别关注东道国与母国的外交关系、区域安全局势、重大选举等可能引发政治风险的事件。此外,企业要建立风险预警机制,通过定量与定性相结合的方法,对潜在风险进行分级评估。例如,某跨国能源企业在进入中亚市场前,聘请专业机构对该地区的地缘政治风险进行了为期两年的跟踪研究,为其投资决策提供了重要依据。

在风险应对策略方面,企业需要构建多层次的风险防范体系。首先要加强与东道国政府的沟通合作,通过投资当地基础设施、创造就业机会等方式赢得政府支持。其次要注重本土化经营,尊重当地文化传统,积极履行社会责任,建立良好的社区关系。最后要充分利用投资保护协定、政治风险保险等工具,分散和转移风险。在极端情况下,企业要及时启动应急预案,寻求母国政府的外交支持。例如,在中东地区经营的中国企业通过建立与当地部落的长期合作关系,在政局动荡时期有效保障了人员和资产安全。

政治风险防范是一项系统工程,需要企业在战略层面予以重视,在操作层面精心谋划。只有建立完善的风险管理机制,提升风险应对能力,企业才能在复杂多变的国际环境中行稳致远。未来,随着国际政治经济格局的持续演变,政治风险防范将成为企业核心竞争力的重要组成部分,决定着企业国际化经营的成败。

七、融资风险的防范

在全球化经济背景下,企业海外并购已成为拓展市场、获取资源的重要战略选择。然而,相较于国内并购,海外并购面临更为复杂的融资环境和更高的风险挑战。这不仅考验企业的资金实力,更对其风险防控能力提出了更高要求。为有效应对融资风险,企业需要从多个维度构建系统的风险防范机制,既要夯实自身基础,也要创新融资策略,确保并购活动的稳健推进。

第一,提高自身融资实力。相对于在本国内部实行并购,海外并购更能够考验一个企业的自身发展水平以及能力。如果企业内部管理不完善,中间部分存在脱节状态,内部资金流不能够顺利流通,那么企业最好先提高自身的实力,再拓宽企业规模。企业在提高自身整体水平情况下,可以先选取国内比较有发展前途的企业进行并购,以检验自身规模是否达到了能够并购的水平,同时也能够扩大自身规模,提高企业综合实力,增强企业的市场竞争力。万丈高楼平地起,只有先从小型并购做起,再逐渐扩大并购范围,最终将目标放到海外,这样有计划、有层次的并购,才是符合企业正常发展顺序的企业并购。

第二,转变思路,灵活运用融资方法。企业在进行海外投资时,并不是要求一个企业对另一个企业实现完全控制,也可以通过与相关企业结盟的方式实现共同收购、共同获利、共担风险,实现企业并购。这种结盟可以是国内企业进行结盟,也可以是国际志同道合的企业进行结盟,例如中国石油联手马来西亚国家石油公司收购了赫斯印尼控股公司。这种联合并购,能够合理地规避风险,如果情况不利,则可以减少企业的损失。在此情况下,也可以通过多种并购途径,例如并购企业投入资金或是相关的厂房、机器设备等设施来实现并购。在2023年全球能源转型背景下,沙特阿美(Saudi Aramco)联合中国宝武集团、澳大利亚必和必拓(BHP)公司等组成国际财团,以股权置换与项目分拆方式收购巴西淡水河谷(Vale)的低碳金属业务,通过交叉持股锁定供应链并分散投资风险。在科技领域,2022年宁德时代与印尼国有矿业公司PT Aneka Tambang、韩国LG新能源组建联合体,以"技术入股+产能共建"模式获取印尼镍矿开发权,规避单一主体资金压力。此类实践表明,灵活运用股权置换、产业基金共建、技术资产证券化等工具,可在降低并购成本的同时增强东道国监管接受度,实现风险可控的全球化布局。

第三,建立完善的风险评估体系。企业在实施海外并购前,应当进行全面的尽职调查,重点评估目标企业的财务状况、法律合规性以及所在国的政治经济环境。通过建立量化评估模型,对汇率风险、利率风险、政策风险等进行系统分析,制定相应的风险应对预案。同时,可借助专业咨询机构的力量,提高风险评估的专业性和准确性。

第四,优化融资结构设计。企业应根据并购项目的具体特点,设计合理的融资组合方案。可以考虑采用"股权＋债权"的混合融资模式,平衡融资成本与风险。对于大型并购项目,可尝试组建银团贷款,分散融资风险。此外,积极探索创新融资工具,如可转换债券、优先股等,在控制融资成本的同时保持资本结构的灵活性。通过多元化的融资安排,提升企业应对市场波动的能力。

八、合同风险的防范

第一,根据企业自身运营的需要,设计针对不同业务、不同国家、不同语言的标准格式化合同模板,形成完善的合同管理体系,提高合同的规范性和效率性。在合同模板的制定中满足国际惯例的要求,充分考虑目标国的法律法规的规定,保证合同的合法性和可执行性。

第二,加强对合同的重视。由公司法务部门牵头主导,引入公司高层人员参与其中,并聘请外部专业的律师团队对合同风险进行复核。

第三,关注东道国特殊的法律法规,例如环境保护规定、劳动权益保护、外汇管理政策、投资准入标准等,以防止交易风险的意外发生。

第四,在合同中约定有利于自己的准据法和争议解决方式,而非简单接受东道国的安排,以免在后续争议发生时陷入困境。

九、并购整合风险的防范

第一,制定并严格遵循整合计划。整合计划是明确并购双方的主要资源、机制、义务在什么时候以及以怎样的方式合为一体,以达到新公司战略目标的重要文件。企业在制定整合计划之前应当对目标公司的财务情况、固定资产、品牌价值、产品链条、市场状况、管理研发团队等方面进行全面的审查和清理,并在整合计划中说明相应的处理决定,最大程度地发挥并购企业的协同效应。此外,并购企业还应当充分估计交易成本和整合成本,并综合以上因素,在收购前就对自身的现金流能否支撑和消化整合成本进行一个正确的测算,以测算为依据,制订科学的整合计划。在制订出整合计划后,企业应将计划发放给每一个主要员工。因此,整合计划一旦制订完成,就应当严格地遵循其内容和时间框架,不轻易改变和调整,力争尽快完成。这样才能保证企业整合行为的完整性和一致性,减少整合中的摩擦,使整合工作有章可循。

第二,重视人力资源整合。人力资源的整合对公司业务的无缝对接和后续运营起着重要的作用。在海外并购后的资源整合阶段必须防止并购后人力资源的剧烈变动,包括防止关键技术人员的流失等。在具体的操作上,并购企业应当识别出目标公司中的哪些人是关键人才;在客观、正确地评价被收购方人才的基础之上,并购方企业的工作重点就是如何留住关键人才。留住人才一方面包括通过加强沟通,消除疑虑,增强员工归属感;另一方面包括引进激励机制,充分调动员工积极性,发挥他们的聪明才智。此外,在稳定住目标企业的员工之后,企业也要对旧的人力资源管理体系进行改革,在平稳过渡的基础上进行调整,尽快建立起符合新的企业发展目标的人力资源管理体系。采取民主科学的管理方法,建立行之有效的绩效标准,提升工作团队的凝聚力和战斗力。

第三,重视文化整合。每一个成熟的企业都有其独特的企业文化,文化作为软环境,对跨国并购的成败意义重大。成功的文化整合可以充分提升公司的价值底蕴和企业形象,对公司的经营管理和品牌也大有裨益,因此必须重视文化整合作用。而我国企业在海外并购中遭遇到的企业文化障碍尤为突出。这一方面是由我国企业在并购目标上的选择所决定的,我国企业在海外并购中倾向于选择历史悠久、知名度高的国外企业作为并购的目标,这些企业往往具有成熟的企业文化;另一方面是由中国制造在海外有着粗制滥造的固化形象所决定的,这导致目标企业所在国的员工和投资者对中国企业心存偏见,对中国企业文化的认同度较低。进行企业文化整合时,首先,要充分了解目标企业潜在的文化差异与冲突,对于被收购企业的文化应给予尊重,吸收国外企业先进的文化,通过提升和完善自身的企业文化来促成部分企业文化的同化;其次,聘用具有文化整合能力的人来管理并购后的企业,通过人员的沟通和交流,努力营造和谐安定的文化环境,避免造成不必要的文化冲突;最后,注重文化培训,增强企业员工对于企业的归属感和认同感。

十、第三方市场合作法律风险的防范

在"一带一路"倡议深化与全球产业链重构交织的背景下,中国企业参与第三方市场合作面临地缘政治博弈、法律体系冲突及国际制裁传导等多重风险挑战。构建"全周期、多维度"的法律风险防控体系成为保障跨国投资安全的核心任务。通过建立事前法律尽职调查机制精准识别合作伙伴资质与合规隐患,依托运行阶段动态监测机制应对东道国法律政策变迁,并整合双边投资协定、国际仲裁等救济工具形成闭环防护网络,可系统性提升企业跨境合规经营能力,为国际合作项目稳健推进构筑法律"防火墙"。

（一）建立事前法律尽职调查机制

第三方市场合作法律风险贯穿整个合作过程。从合作伙伴的选择、决策、分工，到退出机制、救济办法的建立等都存在风险，其中任何一环出现问题都会导致双方的合作难以实现。为此，要建立事前法律尽职调查机制，将法律尽职调查服务由事中提到事前，做好前期法律风险甄别。

中国企业在选择海外投资合作伙伴时，商业尽职调查与法律尽职调查应同时启动。要对对方的资金实力、开发能力、运营能力、过去经营中所涉法律纠纷等进行综合调查和评估，在这之中寻找到能够支撑合作的关键。同时，充分掌握合作可能出现的风险点，谨慎选择合作伙伴，防止出现对合作方实力预估不足，出现重大投资失败的可能性。

首先，对合作方近年来的涉外经济纠纷进行分类考察，尤其是其与目标国所辖公司企业发生的纠纷。如出现劳工纠纷、环境纠纷等诉讼未决案件，则案件最后的裁决结果直接影响合作企业在当地行业的经济形象和运营前途。如与此企业合作，则要充分衡量纠纷裁决结果的不确定性，一来容易延长合作时机，二来可能会对企业造成前期投入损失风险。例如，2018年5月，贵州江葛水泥有限责任公司投资的老挝琅勃拉邦水泥厂和乌多姆赛水泥厂[①]，连续发生两起被老挝合伙人持枪强占事件。而早在2012年，此合伙人就已用相同手段诱骗中国企业投资再以手段驱赶，强占中国企业资产。

其次，甄别合作方国家法律与目标国法律存在的冲突。一是要对合作方国家法律与中国国内法在经济投资领域是否存有冲突规定进行甄别，避免因为投资企业性质、法定代表人身份、合作形式等出现

---

① 这两个项目是中国贵州省"一带一路"重点项目。

违法违规情况产生不利影响。二是要对合作方国家法律与目标国法律规定之间是否存在冲突进行调查甄别。尤其是两国之间是否在税收、环境政策、劳动法律规定上有冲突,还要特别注意合作国家与目标国之间是否有宗教信仰方面的冲突。三是要对合作国、目标国与中国三国之间经济领域法律法规做甄别,对投资过程中涉及的法律、税收、金融、争端解决、司法体制等做全面了解和掌握,防止不必要的损失出现。

最后,严格审查合作方出口业务范围,防范次级制裁风险。当前国际制裁呈现"长臂管辖"扩大化趋势,企业需警惕供应链环节的合规传导效应。以2023年美国财政部外国资产控制办公室(OFAC)对某中国半导体设备供应商的处罚为例,该企业通过设立境外公司向伊朗转售含美国技术成分的晶圆制造设备,虽采用"技术剥离"模式(即境内主体仅提供非敏感组件,境外关联方集成美制核心模块),仍被认定违反《伊朗制裁法案》,最终支付2.8亿美元罚金并接受五年合规监控。此案揭示,随着美欧"制裁联盟"将金属加工、人工智能、清洁能源等技术纳入管控,企业须建立严格的筛查机制:一是运用全球制裁清单数据库实时核验合作方终端客户;二是通过供应链穿透式审计识别"灰色转运"节点;三是引入区块链技术实现出口物项全流程溯源,从源头规避"技术嵌套"导致的连带责任。

(二)建立投资运行法律风险防范机制

在"一带一路"倡议深入推进的背景下,中国企业对外投资面临的法律风险日益复杂多样。这些风险不仅来自东道国的法律环境差异,也源于跨境投资活动的特殊性和复杂性。为保障投资安全,维护合法权益,企业需要建立系统化的法律风险防范机制,通过事前预防、事中控制和事后救济相结合的方式,构建全方位的风险防控体系。

第一，预防合作方撤资、变更合作协议、违约等法律风险。"一带一路"合作方企业如利用其在目标国市场占有的优势地位中途撤资或变更合作协议，踢中国企业出局，则难免会对中国企业造成不利影响。为此，在合作协议订立阶段，要事先预想到可能出现的法律风险，约定彼此的权利义务，设置违约条款。同时，双方企业在法律合同或协议中还应当明确合作经营理念，防止出现领导层变动、经营理念不同等情况引发的实际运营风险。

第二，购买国际投资保险服务，转移风险负担。在抵御目标国政治风险上，海外投资企业可以购买多边投资担保机构（Multilateral Investment Guarantee Agency，MIGA）提供的保险服务，以此来加强对目标国可能发生的政治风险（包括征收风险、货币转移限制、违约、战争和内乱风险等）的担保。在保障我国境外工作人员保险上，国内有中国人保提供的团体意外伤害保险、出境人员意外伤害保险、境外紧急救援团体医疗保险、"一带一路"境外员工系列保险等产品，可以保障企业境外工作人员的人身安全风险。在工程险、财产险上，目前较为成功的有中国太平印尼子公司承保工程建设限额。

第三，建立法律风险动态监测机制。企业应设立专门的法务团队或聘请专业法律顾问，持续跟踪东道国法律政策变化，特别是投资、税收、劳工、环保等领域的立法动态。同时，建立法律风险预警系统，定期评估投资项目的法律合规性，及时发现和应对潜在风险。对于重大法律变更，要及时调整投资策略和运营模式，确保项目合规运行。

第四，完善争议解决机制安排。在投资协议中明确约定争议解决方式，优先选择国际仲裁等中立性较强的解决途径。可以考虑在协议中纳入"投资者争端解决机制"条款，为可能发生的投资争议提供救济渠道。同时，建立与东道国政府部门的常态化沟通机制，通过友

第四章　企业"走出去"的风险防范及法律保障

好协商方式化解潜在矛盾,降低法律风险发生的可能性。

(三)充分利用投资救济法律风险防范机制

"一带一路"拓展第三方合作不仅受到中国、合作国、目标国三国的法律法规调整和规范,还受到被经济制裁国家的范围约束,这增加了合作法律风险。因此,建立有效的投资救济法律风险防范机制显得尤为重要。这一机制的核心目标是降低投资项目在实施过程中可能面临的失败风险和重大经济损失。首先,中国企业应充分利用我国与其他国家签订的双边和多边投资协定。这些协定通常包含对投资者的保护条款,如公平待遇、非歧视待遇和投资保护等。这些条款为投资者在东道国提供了一定的法律保障和救济途径。例如,当投资者的合法权益受到侵害时,他们可以依据这些协定寻求国际仲裁或诉讼。此外,企业还应积极研究和利用合作国和目标国的法律框架,特别是涉及投资保护的法律法规。这不仅有助于企业在法律纠纷中占据有利地位,还可以在投资决策过程中规避潜在的法律风险。其次,中国企业在面对投资障碍时,应积极寻求合作国或目标国的司法审查程序。西方国家的法治化程度较高,其行政机关的决策通常可以通过司法审查进行复核[1]。在许多国家,投资项目需要通过国家安全审查,而这些审查通常由行政部门负责。如果国家安全审查机构否决了投资交易,投资者可以通过法律诉讼请求法院对该决定进行司法审查。这一做法不仅为投资者提供了一个法律救济途径,还能够在一定程度上制衡行政机关的权力,确保其决策的合法性和合理性。通过司法审查,投资者可以争取到重新评估投资项目的机会,从而最大限度地保护自身的经济利益。最后,中国企业在国际投资过程中,应建立一套全面的法律风险管理体系。这套体系应包括对

---

[1] 参见唐海涛:《欧盟投资者—东道国争端解决机制的改革及我国的应对策略》,载《河南财经政法大学学报》2018年第3期。

合作国和目标国政治、经济和法律环境的深入分析,以及对潜在法律风险的识别和评估。企业可以通过聘请当地法律专家和顾问,获取有关投资环境的最新信息和法律建议。此外,企业还应制定详细的应急预案,以应对投资过程中可能出现的突发事件。这些预案应涵盖法律诉讼、仲裁和其他争端解决机制,确保企业在面临法律挑战时能够迅速反应和有效应对。通过建立健全的法律风险防范机制,中国企业可以在"一带一路"倡议下更为稳健地开展国际合作,确保投资项目的顺利实施和可持续发展。

第二节　我国政府防范法律风险的措施

在法律风险防范方面,相较于企业,政府主要是从宏观视野考虑相关法律制度的完善,而非针对企业在"走出去"过程中面临的每一个法律风险一一提出应对措施。政府对于海外投资的保护有国内法和国际法两条路径,其中国际法上有双边、多边和区域三种保护模式。站在投资者母国的立场上,我国政府可以利用国内法、双边协定、WTO规则、区域经济一体化以及其他配套的法规与政策来对我国的法律保障制度加以完善,为中国投资者"走出去"的行为保驾护航。

一、国内法

(一)完善我国的境外投资审批制度

随着我国境外投资的飞快发展和规模的日益壮大,伴随而来的新问题和新需求也不断挑战着我国的境外投资审批制度。境外投资的发展方向需要良好的审批制度加以有效引导与监督,然而现行审批立法位阶低、审批部门不统一、审批程序纷繁复杂等问题既不利于我

第四章 企业"走出去"的风险防范及法律保障

国境外投资的发展,也不利于与全球对外投资自由化的趋势相融合,对海外投资的各种监管审批制度的完善已经迫在眉睫。在借鉴了域外有效实践经验的基础上,笔者提出了完善我国境外投资审批制度的几点意见。

第一,提高立法层次,完善法制体系。我国应尽快整合现有规章制度,制定专门的《境外投资法》,以法律形式明确国家在对外直接投资领域的基本态度和原则立场,支持并规范国内有充足能力和条件的合格企业积极稳妥地实施对外投资活动,为企业合规、合法开展对外投资提供国家层面的法律保障,提高我国海外投资的国际竞争力。对现行的投资办法应拓展其法规的覆盖范围,全面涵盖促进、规范、服务、保障等各项内容,并进一步理顺商务部、国家发展和改革委员会、外交部、中国人民银行、国家外汇管理局等多个部门在境外投资全流程中的职能和职责。各职能部门在上位法的框架内,制定各自的部门规章将法规内容予以细化,从而形成一套系统完整、多层次、多角度的境外投资"法律—法规—规章"制度体系,对企业的投资行为进行全流程的引导、规范和扶持。

第二,明确我国境外投资审批模式。我国境外投资审批制度经过了初步构建、发展、调整和深入发展的各阶段,审批模式也从最开始的严格审批制发展为如今备案制为主的审批模式。目前,世界各国的审批模式大都有向自动许可制转变的趋势,我国政府对境外投资的态度也有了巨大的转变。但我国现阶段境外投资发展还不成熟,为了有效保障投资者利益,营造良好投资环境还需政府监督引导,因此直接完全顺应发展趋势还不太可能。笔者认为,在遵循现今备案制为主的审批模式的情况下借鉴国外投资审批中引入负面清单的管理方式,并采用否定式列举方式明确审查不通过之情形,不在名单内的其他领域境外投资全部放开,以促进本国投资的发展。推进境外投资管理负面清单制度,能使得我国境外投资主体感受到实实在在的便利。

第三,建立统一的对外投资主管机构。在外国境外投资管理体制中,通常由法律规定一个专门的管理机构进行管理,设置统一的境外管理机构,有利于政府统一协调管理境外投资,明晰主管部门权力职责,提高行政工作效率。我国尚未建立统一的对外投资管理部门,将主管职责主要授予国家发展改革委和商务部两个部门,多元管理制易导致职能交叉,不利于有效管理;新设境外投资管理部门又过于复杂。笔者认为最实际的是重新调整国家发展改革委、商务部等部门相关职权,确定其中一个为统一的审核机构,按照投资规模确定审核机构层次,构建单一机构多元审批机制,实现我国境外投资的统一协调。

第四,精简审查程序。针对现实中仍存在审查程序烦琐的问题,当下最实际也最紧要的是相关境外投资审查机关尽量精简审查流程,在明确各部门分工和职责的基础之上实施更便捷的一站式服务,建立部门间协作制度,提高工作效率、提升工作水平,加强各政府部门间的磋商和信息共享。在具体的境外投资审查流程中本着便利投资当事人的目标,简化证明文件与手续,同时注重程序公正,提高审查的透明度。

第五,在审批事项上,遵循必要性原则,审核与国家利益和企业重大安全投资相关的内容。对于不涉及上述风险的投资项目,应当以备案为主要管理方式,具备条件的还可以适用自动许可制,同时下放部分中小企业对外投资项目的审核权,降低境外投资者成本。审查机关可以放弃对商业风险的审查,将相关风险的评估交由有相应资质的其他评估机构完成,尽可能简化审查环节,避免浪费行政资源。除此之外,可以按照投资效益、信用等级等评价标准将境外投资企业划分不同等级,对评估等级较好的企业可以放松审查,采取事后备案制的做法,鼓励企业良性投资。

第六,构建多元化市场主体体系。随着《民法典》确立非法人组织民事主体地位及《海南自由贸易港法》试点个人境外投资权限,我国境外投资主体制度已呈现突破性进展。2023年《中共中央 国务院关于促进民营经济发展壮大的意见》进一步规定,"支持符合条件的民营中小微企业在债券市场融资"。然而,现行《企业境外投资管理办法》仍将备案主体限定为企业法人,与改革实践存在张力。可以借鉴外国做法以及顺应全球化浪潮,以法律的形式承认自然人和其他非法人经济组织作为境外投资者的资格,保证本国国内立法与国际条约不发生冲突,而且可以为投资活动的合理有效管制提供先决条件。因此,企业法人、非法人经济组织、个人等都应成为我国海外投资的主体。

(二)建立海外投资保险制度

许多国家还建立了专门的海外投资保险制度来规避政治风险,减少企业海外投资可能面临的损失。海外投资保险制度是针对政治风险不确定性的一种保险制度,最早起源于二战之后的美国,主要目的在于为在欧洲投资的美国企业提供保障,随后其他发达国家也相继建立了这一制度。相较于普通的商业保险,海外投资保险有以下特点:首先,首要目的在于补偿企业所遭受的损失,而非营利;其次,保险范围仅限于政治风险;最后,主要通过与投资对象国缔结双边投资协议的方式约束投资对象国的行为,以保证其不用或慎用影响外国投资者利益的国有化或征收。因此,海外投资保险制度有着很强的政治性,与一国的外交关系情况密切相关。

目前,我国尚未真正构建起海外投资保险制度,相关的法律法规大多是原则性规定,可操作性不强;主营业务仅限于出口信用保险;

承保对象多针对发展中国家的投资,对欧美国家的投资保险力度相对有限;关于运营模式、监管机构、代位求偿方式等问题规定不明。参考世界上已有的比较成熟的投资保险制度,我国可以从以下几个方面完善海外投资保险制度:第一,设立专门的海外投资保险公司,负责我国企业海外投资的保险业务;第二,扩大投保人的范围,更全面地保护我国海外投资的权益;第三,建立专门海外投资保险审批机构,提高行政效率;第四,采用混合模式,拓宽海外投资保险的覆盖范围。目前,世界各国的投资保险制度主要可以分为三种模式:一是双边模式,即以母国与东道国事前签订双边投资保护协定为前提,为向该东道国投资的本国企业提供保险;二是单边模式,无论本国与投资东道国有无投资协议,只要本国企业在海外投资中遭受政治风险,均可提供保险获得补偿;三是混合模式,即将双边模式与单边模式相结合。基于我国企业投资范围遍布全球,且与世界上多数国家签有双边投资协议的现实情况,宜采取混合模式,充分保证投资者的利益,鼓励企业更好地"走出去",参与国际投资。

(三)完善国内反垄断法律制度

随着中国融入全球化进程的逐步推进,特别是"一带一路"建设实施以来,中国企业海外并购日益频繁,进一步提升了我国的核心竞争力和国际影响力。为了有效防范企业海外并购过程中可能遭遇的反垄断法律风险,中国政府应该重点分析他国对中国企业进行海外并购时设立的反垄断审查标准,在此基础上设立反垄断审查对等原则,从而形成反垄断的博弈;同时,需要统一国内的海外并购法律体系,规范企业海外并购投资活动。① 首先,中国政府应修改完善基本法,出台一部能够总则性规定中国企业海外并购活动的《海外投资

---

① 参见马建春、陈华:《跨国并购管制与国家经济安全:西方经验做法及对中国的启示》,载《科学学与科学技术管理》2006年第8期。

法》,然后在此基础上进一步修改制定配套法律,例如制定《海外投资保险法》《海外投资监管法》等配套法律法规,并不断完善《公司法》《证券法》《反垄断法》等相关法律法规。其次,中国政府应制定中国海外并购的单行法,完善的海外并购单行法的基本框架包括以下几点:确定海外并购立法的基本原则和立法目的,界定海外并购主体和并购类型,明确海外并购的审批机构,规定海外并购主管机关的权限,明确海外并购的程序,规定海外并购的融资担保结构与模式,规范海外并购的监督和管理,等等。[1] 最后,中国政府应明确反垄断法的域外适用原则,尽可能地消除法律冲突,从区域、双边和多边等不同层次进行针对反垄断制度的国际协调。

(四) 完善外汇管理法制

首先,国家应尽量缩短企业进行外汇活动的相关手续办理时间及流程。虽然现在的外汇流程审批手续相比我国经济刚刚开放时期减少了许多,但是依然不能满足目前高速发展的企业变化。所以,应将外汇管理与负责进行海外投资的政府部门相结合,减少流程审批手续,保证企业能够快速、直接地获得融资结果。

其次,应该实现流程审批的差异化。对于一些对整体国民经济有影响的重要投资,当然需要层层审核,让每一个部门充分审核浏览之后再做出具体的投资计划以及实际措施。但对于一些私人企业来说,投资完全只与自身的发展情况有关,这时的流程审批手续就不需要太烦琐。

最后,目前实施的外汇相关管理措施也理应做出一些变动。放宽相关的外汇担保额度以及扩大担保范围,保证更多的企业能够走出国门,实现规模最大化,提高企业在市场的竞争力。在优秀的外汇制

---

[1] 参见徐艳、曹慧敏:《中国企业跨国并购遭遇反垄断的法律对策》,载《经济论坛》2007年第23期。

度下,能够更好地促进企业实现海外并购,提升我国在世界范围内的经济地位。

二、充分利用双边投资协定

双边投资协定(Bilateral Investment Treaty,BIT)是两个国际法主体之间签订的用于保护、鼓励、促进和保证国际投资的双边条约。我国的双边投资协定主要包括三种类型:与其他国家签订的双边投资协定,内地与香港和澳门地区分别签署的《关于更紧密经贸关系的安排》(CEPA),以及与其他国家签订的避免双重征税协定(Double Tax Treaty, DTT)。[①] 我国签订双边投资协定的历程始于改革开放以后,最初的目的在于引进外国投资。根据商务部网站数据,截至2023年12月,我国已与145个国家和地区签署双边投资协定,其中136份已生效。[②] 随着我国经济的发展和经济政策的调整,双边投资协定在我国的地位与意义也在逐渐发生变化。

(一)双边投资协定的重要作用

在国际贸易中,双边协定对于促进我国企业海外投资的发展有着举足轻重的价值。在实践中,双边投资协定的作用主要体现在以下几个方面:

第一,双边投资协定具有国际法约束力,为投资者提供法律保障。根据《维也纳条约法公约》第26条"条约必须遵守"原则,双边投资协定对缔约双方具有法律约束力,任何一方的违约行为都将触发国家责任。这种约束力体现在多个层面:首先,协定中的投资保护标准为投资者提供了最低限度的保护;其次,协定中的具体承诺为投

[①] 参见梁咏:《中国投资者海外投资法律保障与风险防范》,法律出版社2010年版,第148页。

[②] 参见《留言编号查询》,http://webchat.mofcom.gov.cn/weixin/view/gzfw/message_seaNumList.jsp? id=690801,2025年2月15日访问。

第四章 企业"走出去"的风险防范及法律保障

者创造了可预期的法律环境;最后,协定中的争端解决机制为投资者提供了法律救济途径。例如,在中德双边投资协定中,明确规定了征收补偿标准、资金自由转移等条款,为两国投资者提供了明确的法律保障。这种国际法层面的约束力,使得东道国不能随意改变投资政策,有效降低了投资者的法律风险。

第二,双边投资协定构建了多元化的国际投资争端解决机制。作为国际仲裁的先决条件,双边投资协定通常包含投资者—国家争端解决机制(ISDS),为投资者提供了独立于东道国司法体系之外的救济途径。这种机制的优势在于:其一,突破了传统外交保护的限制,允许投资者直接对东道国提起仲裁;其二,提供了中立的争端解决平台,避免了东道国法院可能存在的保护主义倾向;其三,仲裁裁决具有国际执行力,可以根据《纽约公约》在160多个缔约国得到承认和执行。这种多元化的争端解决机制,为投资者提供了更加灵活和有效的权利救济途径。

第三,双边投资协定为国际投资活动提供了明确的法律框架。通过事先约定缔约双方的权利义务,双边投资协定为投资者参与海外投资提供了可预期的法律环境。这种法律框架的作用体现为:首先,明确了投资准入、待遇标准、征收补偿等关键问题,减少了投资活动中的法律不确定性;其次,规定了投资促进和保护的具体措施,为投资者提供了制度性保障;最后,建立了投资争议预防和解决机制,有助于及时化解投资纠纷。例如,在中国和澳大利亚的双边投资协定中,详细规定了投资定义、国民待遇、最惠国待遇等条款,为两国投资者提供了清晰的法律指引。这种明确的法律框架,不仅有利于减少投资摩擦,也为国际投资的顺利开展奠定了制度基础。

第四,双边投资协定促进了国际投资领域的互利合作。作为缔约双方友好协商的成果,双边投资协定体现了互惠互利的原则,有助于实现投资自由化和便利化。这种互利性体现为：首先，通过相互给予投资保护和优惠待遇，促进资本、技术、人才等生产要素的跨境流动；其次，通过建立稳定的法律框架，增强投资者信心，扩大投资规模；最后，通过加强投资合作，推动双方经济共同发展。例如，在中国和韩国的双边投资协定中，双方在投资准入、知识产权保护等方面达成了互惠安排，促进了两国投资合作的深入发展。这种基于互利的合作模式，不仅有利于优化投资环境，也为构建更加开放、包容的国际投资体系做出了贡献。

双边投资协定的理论依据在于在两个主权国家签订的协定中，两个主权国家根据条约必须遵守的原则让渡一部分主权，并对其主权进行限制。[①] 因此，积极与其他国家签订双边投资协定有助于将东道国主权范围内的权利纳入国际法的范畴之内，利用该原则使东道国的行为受到约束，以防范东道国滥用国家主权，优化本国企业的海外投资环境。

（二）我国双边投资协定存在的问题

根据联合国贸发会议（UNCTAD）2024年最新统计，我国已签署146项双边投资协定，是全球签订双边投资协定数量最多的国家之一，但在实际运用中还存在一些问题。

第一，大量海外投资未纳入双边投资协定的保护范围。我国海外投资面临显著的双边投资协定保护缺口。截至2024年7月，与我国贸易额超千亿美元的美国、巴西仍未签署双边投资协定，委内瑞拉既有协定也因政局动荡失效。以美国为例，作为我国最大贸易伙伴，双边投资协定的缺位使得在TikTok数据审查、药明生物制裁等事件中，我国企业无法援引"公平公正待遇条款"维权。同时，在已签署的

---

① 参见梁咏：《中国投资者海外投资法律保障与风险防范》，法律出版社2010年版，第148页。

第四章　企业"走出去"的风险防范及法律保障

双边投资协定中,中加、中墨协定因国家安全审查、能源政策冲突等,十年未完成国内批准程序,导致宁德时代加拿大锂矿、隆基墨西哥光伏项目陷入法律救济困境,损失超20亿美元。这种状况严重制约了双边投资协定的实际效用,使得我国企业在相关国家的投资处于法律保护的真空地带。

第二,部分双边投资协定未能充分体现我国利益。我国的双边投资协定签订时间先后不一,针对的对象也各不相同,在这一过程中,一些BIT的条文未能充分反映我国在特定两国关系中所扮演的角色,例如是资本输出国还是资本输入国。早期签订的双边投资协定更多考虑吸引外资的需求,侧重于保护外国投资者权益,而对我国作为资本输出国的利益保护不足。例如,在与部分发展中国家的双边投资协定中,未能充分纳入新一代双边投资协定中的环境标准、劳工保护等条款,不利于我国企业在这些国家的可持续发展。此外,部分双边投资协定中的投资者—国家争端解决机制(ISDS)条款设计不够完善,可能使我国政府面临不必要的国际仲裁风险。

第三,避免双重征税协定的内容不够完善。避免双重征税协定的内容过于原则性,对于许多具体问题未展开说明,不利于实践中的具体操作。具体表现为:首先,投资准入条款过于笼统,缺乏具体行业和领域的实施细则;其次,争端解决机制设计不够完善,缺乏可操作性的程序规定;最后,服务贸易自由化的承诺较为保守,未能充分反映内地与港澳经济深度融合的需求。例如,在专业服务领域,虽然避免双重征税协定允许港澳服务提供者在内地设立独资企业,但在具体执业资格认定、业务范围等方面仍存在诸多限制。这种原则性的规定虽然为后续补充协议留下了空间,但也增加了实际操作中的不确定性,不利于充分发挥避免双重征税协定促进区域经济一体化的作用。

(三)完善双边投资协定的建议

在全球化背景下,双边投资协定作为国际投资法律体系的重要组成部分,对促进和保护跨国投资具有不可替代的作用。随着我国从资本输入大国向资本输出大国的转变,完善双边投资协定网络、优化协定内容、提升协定效用已成为当务之急。这不仅关系到我国企业的海外投资安全,也影响着我国参与全球经济治理的能力。为此,需要从多个层面采取系统性措施,构建更加完善的国际投资法律保护体系。

第一,重视双边投资协定的重要意义,积极与其他国家订立双边投资协定,将更多的国家与地区纳入我国投资保护的范畴,为企业"走出去"提供保障。当前,我国与140多个国家签订了双边投资协定,但仍需重点关注与主要贸易伙伴和投资目的地的协定覆盖。特别是要与"一带一路"沿线国家加快双边投资协定谈判进程,构建区域投资保护网络。同时,应积极推进与发达国家的高标准双边投资协定谈判,提升我国双边投资协定的整体质量。在谈判策略上,可以采取"先易后难、重点突破"的方式,优先推进与投资环境较好、合作意愿较强的国家的谈判。

第二,谨慎分析双边投资协定中的关键条款,例如"分岔路口条款""用尽当地救济条款""国家安全审查例外条款""司法审查条款",对可能预见到的相关风险进行明确和具体的界定,避免对方随意发挥。在条款设计上,应当注意平衡投资者保护与东道国规制权的关系。例如,在"分岔路口条款"中,可以明确选择国际仲裁后即排除国内司法救济,避免平行程序带来的法律风险;在"国家安全审查例外条款"中,应当设定明确的适用条件和审查标准,防止东道国滥用国家安全理由限制投资。

第三,订立完善的投资退出法律协议,在协定中明确权利救济的

第四章 企业"走出去"的风险防范及法律保障

方式,以及申请哪个仲裁机构仲裁、如果诉讼选择适用哪个国家法律等问题。投资退出机制的设计应当包括:明确征收补偿标准,规定公平市场价值的计算方法;设定资金转移条款,保障投资者利润汇回权利;完善争端解决机制,提供多元化的救济途径。特别是在仲裁机构选择上,可以考虑纳入 ICSID、UNCITRAL 等多个选项,为投资者提供更多选择。

第四,充分考虑中国在两国投资贸易关系中所处的地位,并在协议中加以合理体现。在双边投资协定谈判中,应当根据具体国家的投资关系特点,采取差异化的谈判策略。对于资本输出导向的双边投资协定,应当强化投资者保护条款;对于资本输入导向的双边投资协定,则需要适当保留政策空间。同时,应当注意平衡不同发展阶段国家的利益诉求,在投资自由化与可持续发展之间寻求平衡。

第五,完善避免双重征税协定,充分保障我国投资者在海外投资中获取的收益。在避免双重征税协定的谈判和修订中,应当重点关注以下方面:完善常设机构认定规则,防止过度征税;优化股息、利息、特许权使用费的征税条款,降低跨境投资税负;引入仲裁条款,为税收争议提供有效的解决机制。同时,应当加强避免双重征税协定与双边投资协定的协调,确保两项协定在投资保护和税收优惠方面的有效衔接。

三、推动区域经济一体化发展

区域经济一体化是指在一定区域范围内,在经济、政治、文化等方面有一定相似之处,地理位置邻近的国家基于平等、互利原则建立的区域经贸合作组织。[①] 区域经济一体化是一个涵盖多方面内容的

---

① 参见尹立、王薇:《国际区域经济一体化与投资法律规范问题》,载《长江论坛》2006年第2期。

复杂过程，通常包括市场准入、投资保护、投资者待遇和争端解决等关键领域，其核心目的是推动区域内经济贸易自由化，促进成员国之间的经济合作和共同发展。在当前国际投资快速发展的背景下，全球化贸易规则的发展却面临诸多挑战，进展缓慢。许多主权国家在国际投资市场上表现活跃，并迫切希望通过建立良好的经济秩序来确保自身的经济利益和发展潜力。与此相对的是，由于各国在政治、经济、文化等方面的差异，全球范围内达成多边贸易协议的难度较大。然而，在某一特定区域内，国家之间往往在经济、政治、文化等方面具有较大的相似性，这为区域内国家之间达成一致意见创造了条件。正因如此，许多国家选择通过加入区域经济一体化组织来实现其经济目标。这种组织不仅能够在一定程度上降低成员国之间的贸易壁垒，促进商品、服务、资本和人员的自由流动，还能够通过统一的规则和标准提高区域内市场的透明度和可预测性。此外，区域经济一体化为成员国提供了一个合作的平台，使它们能够在共同利益的基础上进行协商和谈判，解决贸易和投资中的争端，减少不确定性和风险。通过这种方式，成员国可以更有效地应对全球经济环境的变化，增强自身的经济韧性和竞争力。区域经济一体化的成功实施不仅能够带动区域内经济的繁荣发展，也有助于提高成员国在全球经济中的地位和影响力。因此，尽管全球化进程面临诸多挑战，区域经济一体化仍然是许多国家在追求经济增长和发展的过程中不可或缺的战略选择。

目前世界上比较重要的区域经济一体化组织包括欧盟自由贸易区、北美自由贸易区、东盟自由贸易区、阿拉伯国家联盟和亚太经合组织等。这些组织通过建立区域性的经济合作机制，有效促进了成员国之间的贸易投资自由化和经济政策协调。其中，以欧盟的建设与发展最为完备，其不仅实现了商品、服务、资本和劳动力的自由流

第四章 企业"走出去"的风险防范及法律保障

动,还建立了统一的货币体系和共同的政策框架,在成员合作方面创造了较好的示范效应。其他区域组织虽然一体化程度不及欧盟,但也都在各自区域内发挥着重要的经济整合作用。例如,北美自由贸易区通过消除关税壁垒,促进了美加墨三国的产业链整合;东盟自由贸易区则通过建立区域生产网络,推动了东南亚国家的经济协同发展。

在全球多边统一规则尚未建立的当下,推动区域经济一体化具有非常重要的现实意义。首先,区域内的投资协定有利于减少或消除各国的投资贸易壁垒,加快投资自由化的进程。通过建立区域性的投资保护规则和争端解决机制,可以有效降低跨境投资的法律风险,提高投资便利化水平。其次,区域投资规则为全球性投资规范体系的建立奠定了基础。各区域组织在投资规则方面的探索和实践,为构建更加包容、平衡的全球投资治理体系提供了重要参考。长期以来,我国都积极参与区域经济一体化,并取得了瞩目的成就。1991年加入 APEC 标志着我国开启了区域经济一体化的进程;2000 年正式提出建立"中国—东盟自由贸易区"的构想,标志着我国在区域合作方面迈出了具有实质性的一步。[①] 再到 2013 年"一带一路"倡议推动 152 国签署合作文件,2022 年《区域全面经济伙伴关系协定》(RCEP)全面生效,构建覆盖全球 29%GDP、30%贸易量的最大自贸区,2023 年正式申请加入《全面与进步跨太平洋伙伴关系协定》(CPTPP),并推动中国—尼加拉瓜、中国—厄瓜多尔等自贸协定签署,我国在数字贸易、绿色产业链规则领域实现制度型开放新突破,为构建双循环新发展格局提供了战略支点。

当前,我国的"一带一路"倡议掀起了沿线国家新一轮合作发展

---

① 参见宁留璞:《中国参与区域经济一体化历程的思考》,载《内蒙古科技与经济》2004 年第 16 期。

的热潮,为区域经济一体化的进一步发展带来了新的契机。"一带一路"倡议通过基础设施互联互通、贸易投资便利化、金融合作等多个维度,推动了沿线国家的经济融合。这一倡议的创新之处在于,它突破了传统区域合作的地理限制,构建了一个开放、包容的区域合作平台。在"一带一路"框架下,我国与沿线国家签署了一系列双边和区域投资协定,建立了多个区域性合作机制,如亚洲基础设施投资银行、丝路基金等,为区域经济一体化注入了新的动力。因此,在"一带一路"背景下,我国更要推动区域内经济一体化的发展,为经济全球化的发展提供新的动力。具体而言,可以从以下几个方面着力:第一,深化与现有区域组织的合作,如推动 RCEP 的高质量实施,积极参与亚太自贸区建设;第二,创新区域合作模式,探索建立"一带一路"框架下的新型区域合作机制;第三,加强规则对接,推动我国与沿线国家在投资保护、贸易便利化等领域的规则协调;第四,完善区域价值链,促进区域内产业链、供应链的深度融合。通过这些措施,我国可以在区域经济一体化进程中发挥更加积极的作用,为构建开放型世界经济做出更大贡献。

四、合理运用 WTO 规则

(一) WTO 规则体系

海外投资的多边法律框架主要包括三个体系——WTO、世界银行和联合国,其中 WTO 规则的运用最为成功。WTO 规则体系是一个多边协定群,该协定群以协调全球多种形态的国际贸易为主要目的,其中的部分协定与投资问题密切相关,是现行国际投资法的主要组成部分。核心包括四个协定:《关贸总协定》(GATT)、《与贸易有关的投资措施协定》(TRIMS)、《服务贸易总协定》(GATS)和《与贸易有关的知识产权协定》(TRIPS)。这些协定主要涉及市场准入、投资待

第四章 企业"走出去"的风险防范及法律保障

遇、投资形式和争端解决等多方面的内容,目的在于明确各成员国的义务、督促各成员国制定和实施相关法规,建立一个统一开放的多边贸易体制。

WTO的争端解决机制被誉为"皇冠上的明珠",其具体程序包括了磋商、专家组审理、上诉和执行四个主要阶段。在磋商阶段,争端双方有60天时间通过协商解决分歧,若磋商未果,则可请求设立专家组进行审理;对专家组报告不服的一方可以向上诉机构提出上诉,最终裁决由争端解决机构(DSB)通过后进入执行阶段。这一机制具有强制管辖权、自动通过程序和强制执行力的特点,确保了争端解决的效率和权威性。近年来,随着我国对外贸易规模的扩大和国际贸易地位的提升,涉及我国的WTO争端解决案件数量急剧增长。这些案件既包括我国作为申诉方的案件,如针对美国反补贴措施的案件(DS437),也包括作为被诉方的案件,如稀土出口限制案(DS431、DS432、DS433)。通过参与WTO争端解决,我国不仅维护了自身贸易利益,也积累了运用国际规则的经验,提升了参与全球贸易治理的能力。WTO的争端解决机制为贸易争端的和平和公正解决提供了一个良好的平台,其裁决的公正性和专业性得到了广泛认可,为全球贸易秩序的稳定贡献了重要力量。

在贸易救济措施方面,WTO建立了一套完整的规则体系,主要集中规定在GATT1994第6条、第19条以及《反倾销协定》《反补贴协定》《保障措施协定》之中。这些规则为成员国提供了应对不公平贸易行为和进口激增的合法工具。具体而言,反倾销措施针对的是以低于正常价值的价格出口并对进口国产业造成损害的行为;反补贴措施则用于抵消外国政府提供的禁止性补贴;保障措施允许成员国在进口激增对国内产业造成严重损害时采取临时限制措施。WTO贸易救济措施的目的在于约束成员国的贸易行为,为进口国提供防御措施,同时防止这些措施被滥用成为贸易保护主义的工具。为此,WTO规则对贸易救济措施的适用设定了严格的条件和程序要求,包括损害认定、因果关系分析、程序透明度等。我国作为WTO成员,既积极运用贸易救济措施维护国内产业利益,如对进口不锈钢产品发起反倾销调查,也面临其他成员对我国产品采取的贸易救济措施,如欧盟对我国光伏产品的反倾销调查。通过参与WTO贸易救济规则的制定和实施,我国在维护多边贸易体制的同时,也推动了贸易救济规则的完善和发展。这些规则和实践为全球贸易秩序的稳定和可预期性提供了重要保障,促进了国际贸易的健康发展。

(二)合理利用WTO规则的具体措施

尽管目前的WTO规则体系仍然存在一些缺陷,但不可否认,作为加入国家和地区最多的多边法律体系,WTO规则在保护发达国家利益的同时,也在一定程度上为发展中国家开展海外投资创造了一些有利条件。[①] 加入WTO将我国进一步纳入世界多边法律体系之中,使我国可以利用多边制度维护自己的利益。因此,必须重视对WTO规则的认识和了解,在遵守WTO规则的同时,利用WTO规则保护我国企业在海外投资中的正当利益。具体措施如下:

1. 从海外投资的角度加强对WTO协议的深入研究

熟悉世界贸易组织的规则以及贸易矛盾处理与投资活动矛盾处理过程规则的联系,分析了解世界贸易组织协议、国际公私法律以及世界经济法三者的联系,掌握世界贸易组织争端解决小组或上诉组织对于世界贸易组织协议的科学阐释以及外延。比较分析世界贸易组织协议和重点东道国家对外投资的相关法律政策,保证能够迅速察觉一国对中国的不公平政策,例如贸易壁垒或歧视,根据实际采取针对措施。贯彻落实理论与实际结合的准则,兼顾世界贸易组织协

---

① 参见梁开银:《中国海外投资立法论纲》,法律出版社2009年版,第8页。

议与案例的理论实际研究,了解分析 DSB 小组或上诉组织如何在世界贸易组织协议内解决争端,并明确其在处理时的法律倾向,以期我国在未来的贸易中,能够在某种程度上清晰掌握如何在世界贸易组织协议的前提下,合理解决贸易与投资矛盾争端,确定基本流程与法律认知倾向。

2. 优化国内法治环境

优化国内法治环境是推动企业"走出去"战略顺利实施的重要保障。良好的国际法治环境固然为海外投资提供了外部条件,但若缺乏与之相匹配的国内法治环境,企业的国际化进程将面临诸多障碍。因此,必须从多个层面完善国内相关法律法规,构建一个系统化、规范化的法律支持体系,以保障企业在海外投资中的合法权益,降低投资风险,提升国际竞争力。

第一,适时调整我国的海外投资审批制度是优化法治环境的关键一步。当前,我国的海外投资审批程序相对复杂,审批周期较长,这在很大程度上制约了企业对外投资的灵活性和效率。为此,应简化审批流程,减少不必要的行政干预,推行负面清单管理模式,明确禁止或限制投资的领域,而在其他领域则赋予企业更大的自主决策权。同时,应建立动态调整机制,根据国际形势和国内经济发展的需要,及时更新审批标准,确保审批制度既能有效防范风险,又能为企业提供便利。

第二,完善外汇管理制度是保障企业海外投资顺利进行的重要环节。当前的外汇管理制度在一定程度上限制了企业资金的跨境流动,增加了企业的运营成本。为此,应进一步放宽外汇管制,简化外汇汇出和汇入的手续,提高资金使用的灵活性。同时,应加强对跨境资金流动的监管,防范洗钱、逃税等违法行为,确保外汇管理的安全性和有效性。此外,还应推动人民币国际化进程,鼓励企业在海外投资中使用人民币结算,降低汇率风险,提升我国在国际金融体系中的话语权。

第三,实施优惠的税收立法是激励企业海外投资的重要手段。当前,我国企业在海外投资中面临双重征税的问题,这不仅增加了企业的税收负担,也削弱了其国际竞争力。为此,应加快与更多国家签订避免双重征税协定,完善税收抵免和税收饶让制度,确保企业在海外投资中能够享受合理的税收优惠。同时,应出台针对海外投资的税收激励政策,如对企业在海外设立的研发中心、生产基地等给予税收减免,鼓励企业进行技术创新和产业升级。

第四,健全海外投资争议解决立法是保障企业合法权益的重要保障。海外投资中,企业难免会与东道国政府或其他主体发生争议,如何有效解决这些争议直接关系到企业的生存和发展。为此,应完善我国的海外投资争议解决机制,推动建立多元化的争议解决平台,包括国际仲裁、调解和诉讼等方式。同时,应加强对国际投资争端解决中心(ICSID)等国际机构的研究和利用,提升我国企业在国际争议解决中的话语权和应对能力。此外,还应加强对海外投资法律风险的预警和防范,帮助企业提前识别和规避潜在的法律风险。

第五,推动投资保险制度和建立海外信息服务制度是优化国内法治环境的重要补充。海外投资面临政治风险、经济风险和法律风险等多种不确定性,建立完善的投资保险制度可以有效降低企业的投资风险。为此,应推动设立专门的海外投资保险机构,为企业提供政治风险、战争风险、征收风险等保险服务,增强企业应对风险的能力。同时,应建立海外信息服务制度,为企业提供东道国的法律法规、市场环境、文化习俗等信息,帮助企业更好地了解投资环境,制定科学的投资决策。通过以上措施,我国可以构建一个全方位、多层次的法治环境,为企业的海外投资保驾护航,推动"走出去"战略的顺利实施。

第四章 企业"走出去"的风险防范及法律保障

五、其他配套政策与制度

中国企业"走出去"开展海外投资已成为提升国际竞争力、优化资源配置的重要战略选择。然而,海外投资不仅需要企业具备雄厚的经济实力和卓越的经营管理能力,更需要完善的国内支持体系和政策环境的保障。当前,我国企业在海外投资过程中仍面临诸多挑战,资本市场支持力度不足、融资渠道单一、政策支持体系不完善等问题制约着企业的国际化发展。为此,需要从多个层面构建系统化的支持体系,包括促进资本市场创新发展、设立专项投资基金、完善政策支持措施等,为企业海外投资提供全方位的保障。这些措施的实施不仅有助于降低企业海外投资的风险,也将推动我国对外投资结构的优化升级,提升我国在全球价值链中的地位。

(一)促进资本市场实现突破性发展

中国企业要想走出国门,成功实现海外投资,不仅需要企业自身拥有雄厚的经济实力,也需要国内资本市场的支持,这就要求国内资本市场提高活跃度。首先,可以引导企业进行债券融资,实现股权融资与债券融资的共同发展。其次,对于相关企业办理融资的相关手续也应当简化,提高企业的融资速度,让企业将所拥有的经济、人力、物力资源放到海外并购的实际业务中,而不是投入如何与国内相关监管机构进行猫捉老鼠的游戏中,这样对于双方都是不利的,既分散了监管机构实现真正监管的作用,也大量消耗了企业的内部实力,不利于企业的后续发展。最后,要让我国的证券市场与国际证券市场实现接轨,保证我国企业在世界范围内都能够实现债券融资,实现资金流的畅通无阻。由此可见,政府对于企业能够真正实现海外并购、成功完成融资起到了决定性作用。

(二)设立海外投资基金

我国目前进行海外融资都统一由政府进行拨款。但是,由于我国政策变化较大,单独的一个银行或者是一个机构不能够完全承担起全部的企业海外并购融资,因此这时候需要政府将多个大型银行整合起来设立相关的海外并购基金,形成一个联盟的形式为企业实现融资保驾护航。借鉴国外的相关做法,可以让这个基金以自负盈亏的模式对企业的海外并购贷款,并从中获取利润。这样能够保证这个基金组织在有序、循环的情况下对一些民营企业提供资金支持。此外,这种方式也解决了国内单独的大型银行所面临的集中贷款的资金短缺问题。

(三)为民营企业提供海外并购政策支持

现阶段,国有企业是海外并购的主要力量,但受国企营业性质的影响,东道国政府往往会对能源行业等与经济联系密切的行业并购保持警惕心态,甚至认为这并不是纯粹的商业行为,以维护国家安全为借口,利用法律手段设置包括反垄断审查在内的重重障碍。因此,我国政府应当鼓励发展前景较好的民营企业进行海外并购,同时给它们提供相应的政策支持。虽然民营企业在我国海外并购逐渐发挥主导作用,但海外并购对企业自身的经济实力有着十分严格的要求,大部分民营企业抵御风险的能力比较差,融资途径也很有限,只能通过银行贷款或者其他民间借贷方式筹集资金,难以满足企业海外并购时的资金需求,许多民营企业也正是因为资金链出现问题而并购失败。[①] 对此,政府应该给民营企业的海外并购投资创造各种融资方面的便利。对于原来制约和管制过于严苛的规章,政府应该进行相

---

① 参见董萌:《中国企业海外并购要防三大法律风险》,载《商场现代化》2012年第21期。

应的调整,放宽对境外投资的管制,简化其海外投资程序,为民营企业提供便利化服务。为了尽可能避免东道国政府滥用反垄断法,切实维护中国企业的合法权益,中国政府还应该和经济往来频繁的国家讨论域外适用条件,同时努力与其他国家签订双边或多边投资保护协定,以此为手段,将东道国政府对中国企业做出的承诺上升至国际法的高度,规范海外并购程序。

第五章

国际投资法律环境的新趋势与新挑战

在经济全球化深入发展和国际政治经济格局深刻变革的背景下,国际投资法律环境正经历着前所未有的变化。近年来,随着全球价值链重构、数字技术革命加速推进以及可持续发展理念的深入人心,国际投资规则体系不断演进,呈现出新的发展趋势和特点。这些变化不仅重塑了全球投资格局,也为中国企业"走出去"带来了新的机遇与挑战。从国际投资协定范本的更新到可持续发展条款的引入,从数字贸易规则的制定到国际投资争端解决机制的改革,国际投资法律环境正在向更加复杂化、多元化和动态化的方向发展。与此同时,全球地缘政治冲突加剧、贸易保护主义抬头、国际制裁措施频发等因素,进一步加剧了国际投资环境的不确定性。在此背景下,中国企业"走出去"不仅需要应对传统的法律风险,还要面对全球供应链重构、气候变化合规、数据跨境流动规制等新兴领域的法律挑战。这些新趋势和新挑战要求中国企业必须重新审视其国际化战略,提升法律风险防范能力,以应对日益复杂的国际投资环境。

国际投资规则的新发展正在深刻影响全球投资格局。传统的国际投资协定主要关注投资者权益保护,而近年来,新一代国际投资协定更加注重平衡投资者权益与东道国公共利益,特别是在环境保护、

第五章 国际投资法律环境的新趋势与新挑战

劳工权益和可持续发展等方面提出了更高要求。许多国家在新签订的双边投资协定中加入了企业社会责任条款,要求投资者在追求经济利益的同时,履行环境保护和社区发展的义务。此外,数字经济的快速发展也催生了新的法律规则。数据跨境流动、数字服务税、人工智能技术应用等新兴领域的法律规制,正在成为国际投资规则的重要组成部分。这些新规则不仅改变了国际投资的法律框架,也对中国企业的国际化经营提出了更高的合规要求。

国际投资争端解决机制正在经历重大改革,传统的投资者—国家争端解决机制(ISDS)因缺乏透明度、裁决不一致等问题而备受诟病。近年来,国际社会开始探索建立更加公平、高效的争端解决机制。例如,欧盟提出的多边投资法院制度(MIC)旨在通过常设法院和上诉机制提高争端解决的透明度和一致性。此外,一些国家还在双边投资协定中引入了调解和仲裁相结合的新型争端解决机制。这些改革不仅反映了国际社会对现有机制的反思,也为中国企业参与国际投资争端解决提供了新的思路和工具。

全球政治经济格局的变化为国际投资法律环境增添了新的不确定性。地缘政治冲突、国际制裁措施和贸易保护主义政策的抬头,使得国际投资环境更加复杂多变。例如,近年来美国、欧盟等发达经济体加强了对关键技术和基础设施投资的国家安全审查,对中国企业的海外投资形成了新的壁垒。此外,气候变化和绿色转型也成为国际投资法律环境的重要变量。许多国家通过立法或政策手段,要求外国投资者遵守严格的碳排放标准和环境合规要求。这些新趋势和新挑战要求中国企业必须不断提升法律风险防范能力,以适应日益复杂的国际投资环境。

综上所述,国际投资法律环境的新趋势和新挑战为中国企业"走出去"带来了前所未有的机遇与风险。只有深入理解国际投资规则的新发展，准确把握国际投资环境的新变化，才能在国际化进程中行稳致远。本章将从国际投资规则的新发展、中国企业"走出去"面临的新挑战以及国际投资法律环境的应对策略三个方面展开深入分析，以期为中国企业"走出去"提供理论指导和实践参考。

第一节 国际投资规则的新发展

随着全球经济格局的深刻变革和国际治理体系的不断调整，国际投资规则正经历着前所未有的更新与演变。传统的国际投资协定主要聚焦于投资者权益保护和市场准入，而近年来，国际社会对可持续发展、数字经济以及争端解决机制等议题的关注日益增强，推动国际投资规则向更加多元化、综合化的方向发展。新一代国际投资协定不仅强调投资者与东道国利益的平衡，还引入了环境保护、劳工权益、社会责任等可持续发展条款，体现了全球治理理念的深刻转变。同时，数字技术的快速发展和数据跨境流动的广泛需求，催生了数字贸易规则的新框架，为国际投资法律体系注入了新的内容。此外，国际投资争端解决机制也在经历重大改革，旨在提高透明度、公正性和效率。这些新发展不仅重塑了国际投资的法律框架，也为中国企业"走出去"带来了新的机遇与挑战。本节将从国际投资协定范本的更新与演变、可持续发展条款的引入及其影响、数字贸易与数据跨境流动的法律规制以及国际投资争端解决机制的改革趋势四个方面展开分析，以揭示国际投资规则的最新动态及其对中国企业的深远影响。

一、国际投资协定范本的更新与演变

国际投资协定范本的更新与演变是国际投资规则发展的重要体现，反映了全球经济治理理念的深刻变革以及实践需求的不断变化。

第五章　国际投资法律环境的新趋势与新挑战

传统的国际投资协定（如双边投资协定）主要以保护投资者权益为核心，强调市场准入、非歧视待遇和投资争端解决机制。然而，随着全球经济格局的调整和可持续发展目标的提出，国际投资协定范本逐渐从单一的投资保护转向更加综合的规则体系。近年来，美国、欧盟、加拿大等发达经济体相继推出了新一代投资协定范本，如美国的《2012年BIT范本》、欧盟的《综合性贸易与投资协定》(CETA)及《跨大西洋贸易与投资伙伴关系协定》(TTIP)等。这些新范本不仅扩大了投资保护的范围，还引入了环境保护、劳工权益、透明度要求等新议题，体现了国际投资规则从"投资者中心主义"向"利益平衡"转变的趋势。

新一代国际投资协定范本的更新主要体现在三个方面：一是投资定义和范围的扩展，二是东道国规制权的强化，三是可持续发展条款的引入。首先，在投资定义方面，新范本不仅涵盖传统的直接投资，还将知识产权、特许经营权、股权投资等新型投资形式纳入保护范围。欧盟的CETA明确将数字经济领域的投资纳入协定框架，反映了数字经济发展的新需求。其次，新范本更加注重东道国的规制权，允许东道国基于公共政策目标对投资活动进行合理规制。美国的《2012年BIT范本》明确规定了东道国在环境保护和劳工权益方面的规制权，避免了投资者滥用争端解决机制挑战东道国的公共政策。最后，可持续发展条款的引入是新范本的重要特征。许多新范本要求投资者在投资活动中遵守环境保护和劳工权益标准，并将企业社会责任作为投资保护的前提条件。加拿大的《外国投资促进与保护协定》(FIPA)明确要求投资者遵守东道国的环境法律和国际劳工标准。

国际投资协定范本的演变对中国企业"走出去"具有重要的启示意义。一方面，新范本为中国企业提供了更加全面和稳定的法律保护，特别是在知识产权、数字经济等新兴领域。另一方面，新范本对环境保护、劳工权益和企业社会责任的要求，也对中国企业的合规管理提出了更高要求。在"一带一路"沿线国家的投资中，中国企业需要更加注重环境和社会影响评估，避免因违反东道国的环境法律或劳工标准而引发法律纠纷。此外，新范本对东道国规制权的强化，也要求中国企业在投资决策中充分考虑东道国的公共政策目标和法律环境，避免因政策变化而导致的投资风险。总之，国际投资协定范本的更新与演变不仅反映了国际投资规则的发展趋势，也为中国企业"走出去"提供了新的机遇与挑战。只有深入理解这些新规则，才能在国际化进程中更好地规避风险、实现可持续发展。

国际投资协定范本的更新与演变还反映了全球经济治理的多边化趋势。随着全球经济一体化的深入发展，传统的双边投资协定逐渐向区域性和多边性协定转变。《区域全面经济伙伴关系协定》（RCEP）和《全面与进步跨太平洋伙伴关系协定》（CPTPP）等区域性协定的签署，标志着国际投资规则的多边化进程正在加速。这些区域性协定不仅涵盖了传统的投资保护条款，还引入了竞争政策、国有企业规则、电子商务等新议题，为国际投资规则的进一步发展提供了新的框架。CPTPP 在投资章节中明确规定了国有企业的非歧视待遇和透明度要求，反映了国际社会对公平竞争和市场化原则的重视。此外，RCEP 作为全球规模最大的自由贸易协定，不仅为亚太地区的投资自由化提供了新的动力，也为中国企业在区域内的投资活动提供了更加稳定和可预期的法律环境。

然而，国际投资协定范本的更新与演变也带来了新的挑战。首先，新范本对环境保护和劳工权益的要求，增加了企业的合规成本。例如，欧盟的 CETA 要求投资者在投资活动中遵守严格的环境标准和劳工权益保护措施，这对中国企业的环境管理和社会责任履行提出了更高要求。其次,新范本对东道国规制权的强化,可能导致投资保护水平的下降。美国的《2012年BIT范本》允许东道国基于公共政策目标对投资活动进行规制,这可能增加中国企业在东道国面临的政策风险。最后,区域性协定的复杂性和多样性,增加了企业理解和适用规则的难度。RCEP和CPTPP在投资规则上的差异,可能导致中国企业在不同区域面临不同的法律环境和合规要求。

总之,国际投资协定范本的更新与演变是国际投资规则发展的重要趋势,反映了全球经济治理理念的深刻变革和实践需求的不断变化。新一代国际投资协定范本不仅扩大了投资保护的范围,还引入了环境保护、劳工权益和企业社会责任等新议题,体现了国际投资规则从"投资者中心主义"向"利益平衡"转变的趋势。这些新变化为中国企业"走出去"提供了新的机遇与挑战,要求企业在国际化进程中不断提升法律风险防范能力和合规管理水平。只有深入理解国际投资规则的新发展,才能在国际化进程中行稳致远,实现可持续发展目标。

二、可持续发展条款的引入及其影响

随着全球可持续发展目标的提出和国际社会对环境保护、社会责任等议题的日益重视,可持续发展条款逐渐成为国际投资协定中的重要组成部分。传统的国际投资协定主要关注投资者权益保护和市场准入,而近年来,新一代国际投资协定开始将环境保护、劳工权益、企业社会责任等可持续发展议题纳入其中,体现了国际投资规则从单一的经济利益导向向综合利益平衡的转变。可持续发展条款的引入不仅反映了国际社会对全球性挑战的共同关切,也为国际投资规则的进一步发展提供了新的方向。例如,欧盟的CETA和TTIP均明确规定了环境保护和劳工权益保护条款,要求投资者在投资活动中遵守相关国际标准。这一趋势表明,可持续发展已成为国际投资规则的核心议题之一,对全球投资格局和企业的国际化经营产生了深远影响。

可持续发展条款的引入主要体现在环境保护、劳工权益和企业社会责任三个方面。在环境保护方面,许多国际投资协定要求投资者在投资活动中遵守东道国的环境法律和国际环境标准,并鼓励投资者采用清洁技术和绿色投资模式。美国的《2012年BIT范本》明确规定,缔约方不得通过降低环境标准来吸引投资,并要求投资者在投资活动中采取适当的环境保护措施。在劳工权益方面,新一代国际投资协定通常要求投资者遵守国际劳工组织(ILO)的核心劳工标准,包括禁止强迫劳动、保障结社自由和集体谈判权等。例如,加拿大的FIPA明确要求投资者尊重劳工权益,并在投资活动中避免使用童工和强迫劳动。在企业社会责任方面,许多国际投资协定鼓励投资者在投资活动中履行社会责任,包括支持社区发展、促进性别平等和减少贫困等。例如,欧盟的CETA要求投资者在投资活动中考虑社会和环境影响,并鼓励其参与当地社区建设。

可持续发展条款的引入对国际投资实践产生了重要影响。首先,它推动了投资模式的转型,促使投资者更加注重环境和社会影响。在能源和基础设施领域,越来越多的投资者开始采用绿色投资模式,通过投资可再生能源项目和低碳技术,减少对环境的负面影响。其次,它提高了投资的门槛,要求投资者在投资决策中充分考虑环境和社会风险。在"一带一路"沿线国家的投资中,中国企业需要更加注重环境和社会影响评估,避免因违反东道国的环境法律或劳工标准而引发法律纠纷。最后,它促进了国际投资争端解决机制的改革。一些国际投资协定开始引入调解和仲裁相结合的新型争端解决机

第五章　国际投资法律环境的新趋势与新挑战

制,以更好地平衡投资者权益与东道国的公共利益。

然而,可持续发展条款的引入也带来了一些挑战。首先,它增加了企业的合规成本。在环境保护方面,企业需要投入更多资源用于环境管理和技术升级,以满足东道国的环境法律和国际环境标准。在劳工权益方面,企业需要加强劳工权益保护措施,确保其投资活动符合国际劳工标准。其次,它可能导致投资保护水平的下降。一些国际投资协定允许东道国基于环境保护或公共健康目标对投资活动进行规制,这可能增加投资者面临的政策风险。

与此同时,可持续发展条款的实施还面临一些实际操作难题。如何平衡投资者权益与东道国的公共利益,如何确保可持续发展条款的有效执行,都是需要解决的关键问题。为了应对这些挑战,国际社会需要加强合作,推动国际投资规则的进一步完善。例如,可以通过加强国际组织的作用,推动国际投资规则的标准化和统一化。此外,还可以通过加强国际投资法律信息平台建设,为投资者提供更加全面和及时的法律信息支持。总之,可持续发展条款的引入是国际投资规则发展的重要趋势,反映了国际社会对环境保护、劳工权益和企业社会责任等议题的共同关切。只有深入理解这些新规则,才能在国际化进程中更好地规避风险,实现可持续发展。

三、数字贸易与数据跨境流动的法律规制

随着数字技术的快速发展和全球数字经济的蓬勃兴起,数字贸易与数据跨境流动已成为国际投资规则中的重要议题。传统的国际投资协定主要关注货物贸易和服务贸易,而近年来,数字贸易和数据跨境流动的迅猛发展,促使国际社会开始重新审视和调整国际投资规则。数字贸易不仅包括电子商务、数字服务等传统形式,还涵盖了云

计算、人工智能、区块链等新兴技术领域的商业活动。数据跨境流动作为数字贸易的核心要素,涉及个人隐私保护、数据主权、网络安全等复杂问题,对国际投资规则提出了新的挑战。例如,欧盟的《通用数据保护条例》(GDPR)和美国的《云法案》(CLOUD Act)分别从数据隐私和国家安全的角度,对数据跨境流动进行了严格规制。这些新规则不仅反映了数字经济时代的特点,也为国际投资规则的进一步发展提供了新的方向。

数字贸易与数据跨境流动的法律规制主要体现在数据隐私保护、数据本地化要求和网络安全三个方面。在数据隐私保护方面,许多国家和地区通过立法或政策手段,对个人数据的收集、存储和使用进行了严格限制。在数据本地化要求方面,一些国家出于数据主权和网络安全的考虑,要求外国企业将数据存储在本国境内。在网络安全方面,许多国家通过立法或政策手段,对关键信息基础设施和重要数据进行了特殊保护。例如,美国的《云法案》授权执法机构在特定情况下访问存储在美国境外的数据,以维护国家安全和公共利益。这些法律规制不仅对数字贸易和数据跨境流动产生了重要影响,也为国际投资规则的进一步发展提供了新的框架。

数字贸易与数据跨境流动的法律规制还反映了全球经济治理的多边化趋势。随着全球经济一体化的深入发展,国际社会对数字贸易和数据跨境流动的共识不断增强,推动了国际投资规则的多边化进程。RCEP和CPTPP等区域性协定,均明确规定了数字贸易和数据跨境流动条款,要求投资者在投资活动中遵守相关国际标准。这些区域性协定的签署,不仅为亚太地区的数字经济发展提供了新的动力,也为中国企业在区域内的投资活动提供了更加稳定和可预期的法律环境。此外,数字贸易与数据跨境流动的法律规制还促进了国际投资争端解决机制的改革。一些国际投资协定开始引入专门针对数字贸易和数据跨境流动的争端解决机制,以更好地平衡投资者权益与东道国的公共利益。

数字贸易与数据跨境流动为法律规制带来的挑战主要体现为以下几个方面:首先,它增加了企业的合规成本。例如,在数据隐私保护方面,企业需要投入更多资源用于数据管理和技术升级,以满足东道国的数据隐私法律和国际标准。在数据本地化要求方面,企业需要建立本地数据中心或与本地服务提供商合作,以满足东道国的数据存储要求。其次,法律规制可能导致投资保护水平的下降。一些国家通过数据本地化要求限制外国企业的市场准入,这可能增加投资者面临的政策风险。最后,法律规制的多样性和复杂性,增加了企业理解和适用规则的难度。不同国家和地区在数据隐私保护、网络安全方面的法律要求可能存在差异,导致企业在全球化经营中面临多重合规压力。

针对以上挑战,企业应加强对数字贸易和数据跨境流动法律规制的研究,积极履行数据隐私保护和网络安全义务,充分利用国际投资协定提供的法律保护和争端解决机制,维护自身合法权益。同时,国际社会需要加强合作,推动数字贸易规则的标准化和统一化,为全球数字经济的健康发展提供更加稳定和可预期的法律环境。

四、国际投资争端解决机制的改革趋势

国际投资争端解决机制是国际投资规则的重要组成部分,其改革趋势直接关系到投资者权益保护和东道国公共利益的平衡。国际投资争端解决机制的改革主要体现在三个方面:首先,在透明度方面,新一代争端解决机制通过公开听证会、公布裁决书等方式,提高了争端解决过程的透明度。例如,联合国国际贸易法委员会(UNCITRAL)制定的《透明度规则》要求在国际投资仲裁中公开相关文件和

听证会记录,以增强公众对争端解决过程的信任。其次,在裁决一致性方面,改革措施包括建立上诉机制和常设法院,以解决传统 ISDS 机制中裁决不一致的问题。例如,欧盟的 MIC 提议设立一个常设的上诉法院,对仲裁裁决进行复审,以确保裁决的一致性和可预测性。最后,在东道国公共利益方面,新一代争端解决机制更加注重平衡投资者权益与东道国的公共利益。例如,一些国际投资协定明确规定了东道国在环境保护、公共健康等领域的规制权,避免投资者滥用争端解决机制挑战东道国的公共政策。

  国际投资争端解决机制改革所面临的挑战主要包括:首先,改革措施的落实需要国际社会的广泛共识和合作,才能实现其目标。其次,改革措施的实施可能增加争端解决的成本和时间。最后,改革措施的多样性和复杂性,增加了企业理解和适用规则的难度。不同国家和地区在争端解决机制上的差异,可能导致企业在全球化经营中面临多重法律风险。为了应对这些挑战,企业需要采取积极的应对策略。首先,企业应加强对国际投资争端解决机制改革趋势的研究,特别是对透明度、裁决一致性和东道国公共利益条款的理解。其次,企业应加强与东道国政府和当地社区的沟通与合作,积极履行企业社会责任,树立良好的国际形象。例如,在涉及环境保护和公共健康的投资争端中,企业可以通过与东道国政府协商解决争端,避免进入正式的争端解决程序。最后,企业应充分利用国际投资协定提供的法律保护和争端解决机制,维护自身合法权益。

第二节　中国企业"走出去"面临的新挑战

当前,中国企业"走出去"正面临前所未有的新挑战。这些挑战不仅来自传统的市场准入和投资保护问题,更源于全球供应链重构、气候变化、国际制裁以及新兴技术领域的复杂法律环境。全球供应链的重构使得企业在跨国经营中面临更加严格的法律合规要求,特别是在数据跨境流动、供应链透明度和反垄断审查等方面。与此同时,气候变化议题的全球关注推动了绿色投资法律要求的升级,企业需要应对更加严格的环境合规标准和碳减排目标。此外,国际制裁与出口管制的日益严格,以及新兴技术领域知识产权保护的复杂性,进一步加剧了中国企业"走出去"的法律风险。本节将从全球供应链重构中的法律风险、气候变化与绿色投资的法律要求、国际制裁与出口管制的合规挑战以及新兴技术领域的知识产权保护问题四个方面,深入分析中国企业"走出去"面临的新挑战。

一、全球供应链重构中的法律风险

全球供应链的重构是当前国际经济格局变化的重要特征,也是中国企业"走出去"面临的主要挑战之一。近年来,受地缘政治冲突、技术进步等多重因素的影响,全球供应链正从传统的全球化模式向区域化、多元化方向转变。这一重构过程不仅改变了全球经济的运行方式,也对企业跨国经营的法律环境提出了新的要求。特别是在数据跨境流动、供应链透明度和反垄断审查等方面,企业需要应对更加严格的法律合规要求。例如,欧盟的《供应链尽职调查指令》要求企业对供应链中的环境和社会风险进行全面评估,并采取相应的预防措施。这些新规不仅增加了企业的合规成本,也对中国企业在全球供应链中的角色和地位提出了新的挑战。

数据跨境流动的法律风险是全球供应链重构中的重要议题。随着数字技术的快速发展和数据资源的日益重要,许多国家和地区通过立法或政策手段,对数据跨境流动进行了严格规制。此外,一些国家还通过数据本地化要求限制外国企业的市场准入。例如,俄罗斯的《个人数据法》明确规定,个人数据的存储和处理必须在俄罗斯境内进行。这些法律规制不仅增加了企业在数据管理方面的合规压力,也可能导致全球供应链的碎片化和区域化。在"一带一路"沿线国家的投资中,中国企业需要更加注重数据隐私保护和网络安全,避免因违反东道国的数据法律而引发法律纠纷。

供应链透明度的法律要求是全球供应链重构中的另一大挑战。近年来,国际社会对供应链透明度的关注日益增强,许多国家和地区通过立法或政策手段,要求企业披露供应链中的环境和社会风险信息。美国的《供应链透明法案》要求企业披露其供应链中是否存在强迫劳动和人口贩卖等问题。此外,欧盟的《供应链尽职调查指令》还要求企业对供应链中的环境和社会风险进行全面评估,并采取相应的预防措施。这些法律要求不仅增加了企业的合规成本,也对中国企业的供应链管理能力提出了更高要求。在制造业和资源开发领域,中国企业需要更加注重供应链的透明度和可持续性,避免因供应链问题而引发的法律风险。

反垄断审查的法律风险是全球供应链重构中的重要挑战之一。随着全球供应链的区域化和多元化发展,许多国家和地区加强了对跨国并购和商业合作的反垄断审查。欧盟的《反垄断法》要求企业在进行跨国并购时,必须向欧盟委员会提交详细的并购报告,并接受反垄断审查。此外,一些国家还通过国家安全审查限制外国企业的市场准入。例如,美国的《外国投资风险审查现代化法案》(FIRRMA)

第五章　国际投资法律环境的新趋势与新挑战

加强了对关键技术和基础设施投资的国家安全审查。这些法律规制不仅增加了企业在跨国并购和商业合作中的法律风险,也可能导致全球供应链的进一步区域化和碎片化。在高科技和基础设施领域,中国企业需要更加注重反垄断审查和国家安全审查,避免因法律问题而导致的投资失败。

为了应对全球供应链重构中的法律风险,中国企业需要采取积极的应对策略。首先,企业应加强对数据跨境流动法律规制的研究,特别是对数据隐私保护和网络安全条款的理解。其次,企业应加强供应链透明度管理,建立完善的供应链风险评估和预警机制。例如,在制造业和资源开发领域,企业可以通过实施供应链尽职调查和建立供应链透明度报告制度,确保其供应链活动符合东道国的法律要求。最后,企业应充分利用国际投资协定提供的法律保护和争端解决机制,维护自身合法权益。在遭遇东道国政策变化或法律纠纷时,企业可以通过国际投资争端解决机制(如ISDS)寻求法律救济。全球供应链重构中的法律风险是中国企业"走出去"面临的重要挑战之一。数据跨境流动、供应链透明度和反垄断审查等方面的法律规制,不仅增加了企业的合规成本,也对中国企业的国际化经营提出了更高要求。只有深入理解这些新规则,才能在国际化进程中更好地规避风险、实现可持续发展。企业应加强对全球供应链法律规制的研究,积极履行数据隐私保护和供应链透明度义务,充分利用国际投资协定提供的法律保护和争端解决机制,维护自身合法权益。同时,国际社会需要加强合作,推动全球供应链规则的标准化和统一化,为全球经济的健康发展提供更加稳定和可预期的法律环境。

二、气候变化与绿色投资的法律要求

气候变化已成为全球关注的焦点议题,其对国际投资法律环境的

影响日益显著。随着《巴黎协定》的生效和全球碳中和目标的提出，许多国家和地区通过立法或政策手段，对绿色投资和碳排放进行了严格规制。这些法律要求不仅推动了全球经济的绿色转型，也为中国企业"走出去"带来了新的机遇与挑战。欧盟的《欧洲绿色协议》明确提出到2050年实现碳中和的目标，并要求外国投资者在欧盟境内的投资活动符合严格的碳排放标准。与此同时，一些国家还通过碳关税和碳交易机制，对高碳排放产品和服务进行限制。这些法律规制不仅反映了国际社会对气候变化的共同关切，也为国际投资规则的进一步发展提供了新的方向。绿色投资的法律要求主要体现在环境保护、碳排放控制和可持续发展三个方面。在环境保护方面，许多国家和地区通过立法或政策手段，要求外国投资者在投资活动中遵守严格的环境标准。欧盟的《环境责任指令》要求企业对环境损害承担严格责任，并采取预防和修复措施。在碳排放控制方面，一些国家通过碳关税和碳交易机制，对高碳排放产品和服务进行限制。美国的《清洁能源法案》要求企业减少碳排放，并鼓励投资清洁能源项目。在可持续发展方面，许多国际投资协定明确要求投资者在投资活动中考虑环境和社会影响，并将可持续发展作为投资保护的前提条件。加拿大的《外国投资促进与保护协定》（FIPA）明确要求投资者遵守东道国的环境法律和国际环境标准。

气候变化与绿色投资的法律要求对国际投资实践产生了深远影响。首先，推动了投资模式的转型，促使投资者更加注重环境和社会影响。在能源和基础设施领域，越来越多的投资者开始采用绿色投资模式，通过投资可再生能源项目和低碳技术，减少对环境的负面影响。其次，提高了投资的门槛，要求投资者在投资决策中充分考虑环境风险。在"一带一路"沿线国家的投资中，中国企业需要更加注重环境和社会影响评估，避免因违反东道国的环境法律而引发法律纠

第五章 国际投资法律环境的新趋势与新挑战

纷。最后,促进了国际投资争端解决机制的改革。一些国际投资协定开始引入调解和仲裁相结合的新型争端解决机制,以更好地平衡投资者权益与东道国的公共利益。

气候变化与绿色投资在法律要求方面的挑战主要体现为以下几点:首先,它增加了企业的合规成本。在环境保护方面,企业需要投入更多资源用于环境管理和技术升级,以满足东道国的环境法律和国际环境标准。在碳排放控制方面,企业需要实施碳减排措施,并参与碳交易市场,以满足东道国的碳排放要求。其次,法律要求可能导致投资保护水平的下降。一些国际投资协定允许东道国基于环境保护目标对投资活动进行规制,这可能增加投资者面临的政策风险。最后,法律要求的多样性和复杂性,增加了企业理解和适用规则的难度。不同国家和地区在环境保护和碳排放控制方面的法律要求可能存在差异,导致企业在全球化经营中面临多重合规压力。

三、国际制裁与出口管制的合规挑战

在全球地缘政治冲突加剧和国际关系复杂多变的背景下,国际制裁与出口管制已成为中国企业"走出去"面临的重要法律风险之一。近年来,以美国、欧盟为代表的发达经济体频繁使用制裁和出口管制手段,以维护国家安全和外交政策目标。这些措施不仅对目标国家和企业造成了直接影响,也对全球供应链和国际贸易秩序产生了深远影响。例如,美国对华为等中国科技企业的制裁,以及欧盟对俄罗斯能源行业的制裁,都凸显了国际制裁与出口管制的广泛性和复杂性。对于中国企业而言,如何在遵守国际制裁和出口管制规则的同时,维护自身合法权益,已成为国际化经营中的重大挑战。

国际制裁与出口管制的法律框架主要包括联合国、区域组织和单个国家三个层面。在联合国层面,安理会通过的制裁决议对所有成

员国具有强制约束力,涉及武器禁运、资产冻结、旅行禁令等多种措施。在区域组织层面,欧盟和非洲联盟等区域性组织也制定了各自的制裁政策,以应对地区性安全威胁。在单个国家层面,美国的制裁和出口管制体系最为复杂和严厉,其通过《国际紧急经济权力法》(IEEPA)和《出口管理条例》(EAR)等法律,对目标国家和企业实施广泛限制。例如,美国商务部工业与安全局(BIS)将华为列入实体清单,限制其获取美国的技术和产品。

国际制裁与出口管制的合规挑战主要体现在三个方面:一是法律适用的广泛性,二是合规要求的复杂性,三是违规后果的严重性。首先,法律适用的广泛性要求企业必须全面了解不同国家和地区的制裁和出口管制规则。其次,合规要求的复杂性增加了企业的管理难度。出口管制不仅涉及最终产品的出口,还包括技术转让、软件更新和售后服务等多个环节。此外,制裁和出口管制规则的动态变化也要求企业建立灵活的合规机制。例如,美国对伊朗的制裁政策在特朗普政府和拜登政府时期发生了显著变化,企业需要及时调整其合规策略。最后,违规后果的严重性对企业的经营和声誉构成了重大威胁。例如,违反美国制裁和出口管制规则的企业可能面临巨额罚款、高管刑事责任以及被列入黑名单等处罚。

国际制裁与出口管制的合规挑战是中国企业"走出去"面临的重要法律风险之一。联合国、区域组织和单个国家的多层次法律框架,以及法律适用的广泛性、合规要求的复杂性和违规后果的严重性,都对企业的国际化经营提出了更高要求。只有建立完善的合规管理体系,加强对制裁和出口管制规则的研究,并充分利用国际法律保护机制,企业才能在国际化进程中有效规避风险、实现可持续发展。同时,国际社会也需要加强合作,推动制裁和出口管制规则的透明化和规范化,为全球经济的健康发展提供更加稳定和可预期的法律环境。

第五章　国际投资法律环境的新趋势与新挑战

四、新兴技术领域的知识产权保护问题

随着全球科技创新的加速推进,新兴技术领域的知识产权保护已成为中国企业"走出去"面临的重要法律挑战之一。人工智能、区块链、5G 通信、生物技术等新兴技术的快速发展,不仅重塑了全球产业格局,也对传统的知识产权保护体系提出了新的要求。新兴技术的特点,如技术迭代快、交叉融合性强、商业模式创新多,使得知识产权保护变得更加复杂和动态。

新兴技术领域的知识产权保护问题主要体现在专利、版权和商业秘密三个方面。在专利保护方面,新兴技术的快速迭代和交叉融合使得专利申请和审查面临新的挑战。例如,人工智能算法的可专利性在不同国家和地区存在较大差异,美国对软件专利的审查标准较为宽松,而欧盟则相对严格。此外,区块链技术的去中心化特点也对传统的专利保护模式提出了挑战。例如,对于区块链上的智能合约是否可以作为专利保护的对象,目前尚无明确的法律规定。在版权保护方面,新兴技术的应用使得作品的创作、传播和使用方式发生了深刻变化。例如,人工智能生成的作品是否享有版权保护,以及版权归属如何界定,已成为国际知识产权领域的热点问题。在商业秘密保护方面,新兴技术的复杂性和技术密集性,使得商业秘密的保护变得更加重要和困难。例如,在 5G 通信和半导体领域,技术泄露和侵权行为的风险显著增加,企业需要采取更加严格的保密措施。

为了应对新兴技术领域的知识产权保护问题,中国企业需要采取积极的应对策略。首先,企业应加强对新兴技术知识产权保护规则的研究,特别是对专利、版权和商业秘密保护条款的理解。其次,企业应加强技术研发和专利申请,通过技术创新和知识产权布局增强市场竞争力。例如,在 5G 通信和人工智能领域,华为通过大量专利

申请和技术标准化,确立了其在国际市场中的领先地位。此外,企业还应充分利用国际投资协定提供的法律保护和争端解决机制,维护自身合法权益。例如,在遭遇知识产权侵权或技术泄露时,企业可以通过国际仲裁或外交途径寻求救济。新兴技术领域的知识产权保护问题还反映了全球经济治理的多边化趋势。随着全球经济一体化的深入发展,国际社会对知识产权保护的共识不断增强,推动了国际知识产权规则的多边化进程。例如,世界知识产权组织(WIPO)和世界贸易组织(WTO)通过《与贸易有关的知识产权协定》等国际条约,为知识产权保护提供了统一的国际标准。此外,新兴技术领域的知识产权保护问题还促进了国际投资争端解决机制的改革。一些国际投资协定开始引入专门针对知识产权保护的争端解决机制,以更好地平衡投资者权益与东道国的公共利益。然而,新兴技术领域的知识产权保护问题还面临一些实际操作难题。如何平衡技术创新与知识产权保护,如何确保知识产权保护规则的有效执行,都是需要解决的关键问题。为了应对这些挑战,国际社会需要加强合作,推动国际知识产权规则的进一步完善。可以通过加强国际组织的作用,推动新兴技术知识产权保护规则的标准化和统一化。此外,还可以通过加强国际知识产权信息平台建设,为投资者提供更加全面和及时的法律信息支持。

第三节　国际投资法律环境的应对策略

在全球经济格局深刻变革和国际规则体系不断调整的背景下,中国企业"走出去"面临的法律环境日益复杂。国际投资法律环境的变化不仅体现在规则内容的更新上,还反映在规则制定、执行和争端解决等多个层面。为应对这些挑战,中国企业需要从积极参与国际规

第五章　国际投资法律环境的新趋势与新挑战

则制定、加强国际法律合作与协调、提升企业国际化合规能力以及构建多元化争端解决机制等方面入手,全面提升法律风险防范能力和国际化经营水平。这些策略不仅有助于企业在复杂的国际法律环境中维护自身权益,也能为中国企业在全球化进程中实现可持续发展提供重要保障。

一、积极参与国际规则制定

国际规则制定是塑造国际投资法律环境的重要途径,也是中国企业"走出去"应对法律风险的关键策略之一。随着全球经济治理体系的多边化发展,国际投资规则的制定过程日益开放和透明,为企业参与规则制定提供了更多机会。例如,世界贸易组织和联合国国际贸易法委员会等国际组织通过公开征求意见和专家咨询等方式,广泛吸纳企业和行业组织的建议。中国企业应充分利用这些平台,积极参与国际规则制定和修订,反映自身利益诉求和发展需求。

积极参与国际规则制定对于中国企业海外投资活动的顺利开展至关重要。首先,企业参与规则制定可以增强规则的透明度和包容性,确保规则能够反映各利益相关方的诉求。例如,在《区域全面经济伙伴关系协定》的谈判过程中,中国企业通过行业协会和政府渠道,提出了关于电子商务和知识产权保护的具体建议,为协定的最终文本提供了重要参考。其次,企业参与规则制定可以提升其国际话语权和影响力,增强在国际市场中的竞争力。例如,华为通过参与国际电信联盟(ITU)的标准制定工作,确立了其在5G通信领域的技术领先地位。最后,企业参与规则制定可以推动国际规则的创新和完善,为全球经济的可持续发展提供制度保障。

然而,企业参与国际规则制定也面临一系列现实困境。首先,规则制定的复杂性和专业性要求企业具备较高的法律和技术能力。在数字贸易和人工智能规则的制定中,企业需要深入了解相关技术的发展和法律的适用,才能提出有价值的建议。其次,规则制定的多边化和多元化增加了企业参与的成本和难度。不同国家和地区在规则制定中的利益诉求可能存在冲突,企业需要在多方博弈中找到平衡点。最后,规则制定的机制和渠道尚不完善,导致企业的意见和建议难以有效传达。一些国际组织的规则制定过程仍然以政府为主导,企业的参与空间有限。

针对以上问题,中国企业需要采取积极的应对策略。首先,企业应加强与国际组织和行业协会的合作,通过联合研究和政策倡导等方式,提升参与规则制定的能力。例如,企业可以通过加入国际商会(ICC)和世界经济论坛(WEF)等国际组织,获取规则制定的最新信息和资源。其次,企业应加强内部法律和技术团队的建设,提升对国际规则的理解和分析能力。最后,企业应充分利用政府渠道和国际合作平台,扩大其在国际规则制定中的影响力。总之,积极参与国际规则制定是中国企业"走出去"应对法律风险的重要策略之一。通过增强规则制定的透明度和包容性、提升企业的国际话语权和影响力、推动国际规则的创新和完善,企业可以在复杂的国际法律环境中维护自身权益,实现可持续发展。

二、加强国际法律合作与协调

国际法律合作不仅有助于企业更好地理解和适用国际规则,还能有效规避法律风险,维护自身权益。例如,在"一带一路"倡议的框架下,中国与沿线国家通过签订双边投资协定和司法协助条约,建立了多层次的法律合作机制,为中国企业的国际化经营提供了重要支持。此外,国际组织如世界银行国际投资争端解决中心(ICSID)和国际商会(ICC)也为企业提供了重要的法律合作平台。通过加强国际法律合作与协调,企业可以在复杂的国际法律环境中获得更多的法律支持和保障。

在加强国际法律合作与协调的过程中,中国企业需要充分利用现有的国际法律框架和平台,以提高其在海外市场中的法律适应能力和风险防范能力。首先,企业应积极参与国际法律事务的讨论和制定过程,通过与国际法律组织、跨国公司及专业法律机构的合作,了解和掌握国际法律的最新动态和趋势。这种参与不仅能帮助企业更好地理解国际法律规则,也能为其提供一个表达自身需求和关切的渠道,从而更好地维护企业的合法权益。其次,中国企业在"走出去"的过程中,应重视与所在国法律体系的对接与融合。不同国家和地区的法律制度、文化背景和市场环境各不相同,企业需要对目标市场的法律环境进行深入研究和评估,制定相应的合规策略和政策。此外,企业还应加强自身法律团队的建设和培训,提升员工对国际法律事务的理解和处理能力,确保企业在面对复杂的国际法律问题时能够迅速反应并采取有效措施。最后,政府在推动国际法律合作与协调方面也发挥着重要作用。政府可以通过外交渠道和多边合作机制,与其他国家和地区建立更加紧密的法律合作关系,为企业创造一个更加透明和稳定的国际法律环境。例如,通过签署和更新双边投资协定,政府可以为企业在海外投资提供更为广泛的法律保护和支持。此外,政府还可以通过与国际法律组织的合作,推动国际法律规则的完善和发展,为企业的国际化经营提供更为坚实的法律基础。通过政府与企业的共同努力,中国企业在"走出去"过程中将能够更加自信和稳健地应对国际法律环境的挑战,实现可持续的全球化发展。

三、提升企业国际化合规能力

提升企业国际化合规能力是应对国际投资法律环境变化的核心

策略，也是中国企业"走出去"实现可持续发展的关键保障。随着国际投资规则的日益复杂和多样化，企业需要建立系统化的合规管理体系，以应对不断变化的法律环境。例如，在数据隐私保护、反腐败和环境保护等领域，国际社会对企业的合规要求不断提高，企业需要采取更加严格的管理措施。此外，国际制裁和出口管制的日益严格，也对企业合规能力提出了更高要求。美国对华为等中国科技企业的制裁就凸显了企业在国际化经营中面临的合规挑战。

提升企业的国际化合规能力在多个方面具有重要意义。首先，系统化的合规管理是降低企业在国际经营中法律风险的关键。通过建立完善的合规管理体系，企业能够及时识别和纠正潜在的合规问题，避免因违规行为导致的罚款和法律纠纷。这种主动的管理方法不仅保护了企业免受法律风险的侵害，还为其在复杂的国际法律环境中提供了稳健运营的保障。其次，合规能力的提升对增强企业的市场竞争力至关重要。在国际市场上，企业的合规表现直接影响其信誉和竞争力。合规良好的企业更容易赢得合作伙伴和客户的信任，尤其是在参与国际招标和合作项目时。这种信任关系不仅能帮助企业获取更多商业机会，还能为其在全球市场中的长期发展奠定坚实基础。合规能力强的企业能够在激烈的国际竞争中脱颖而出，树立起可靠的市场形象。最后，合规管理对于企业树立良好的国际形象和促进与东道国的关系也起到重要作用。在"一带一路"沿线国家的投资中，合规表现良好的企业更容易获得当地政府和社区的支持。这种支持不仅体现在政策和法律层面，也包括社会和文化层面的认可。通过积极履行合规义务，企业能够与东道国政府和社区建立起互信与合作的关系，促进项目的顺利实施和可持续发展。因此，合规管理成为企业在国际化过程中不可或缺的战略工具，助力其在全球舞台上实现更大的成功。

第五章 国际投资法律环境的新趋势与新挑战

　　提升企业的国际化合规能力是一个系统工程,涉及法律、管理、技术、文化等多个层面。企业在提升合规能力的过程中,应注重与外部机构的合作与沟通。国际化经营往往涉及多个国家和地区的法律体系,企业单靠自身力量难以全面掌握所有合规要求。因此,与专业法律顾问、行业协会以及国际法律组织的合作显得尤为重要。通过与这些机构的合作,企业可以获得最新的法律资讯和专业指导,帮助自己更好地理解和应对国际合规挑战。同时,企业还应积极参与国际合规标准的制定和推广,为提升自身的国际影响力和话语权贡献力量。

第六章

构建中国企业"走出去"法律风险防范的长效机制

在全球经济格局深刻变革和国际规则体系不断调整的背景下,中国企业"走出去"面临的法律风险日益复杂和多样化。从环境保护、劳工权益到数据隐私保护、国际制裁,企业在国际化经营中需要应对的法律挑战层出不穷。这些风险不仅具有突发性和不可预测性,还可能对企业造成巨大的经济损失和声誉损害。因此,构建一套系统化、长效化的法律风险防范机制,已成为中国企业"走出去"实现可持续发展的关键任务。这一机制不仅需要企业层面的主动作为,还需要政府层面的政策支持和社会层面的协同配合,形成多方联动的风险防范体系。

第一节 企业层面的长效机制建设

健全的法律风险管理组织架构是企业应对法律风险的基础,通过设立专门的合规部门和法律风险管理委员会,企业可以确保法律风险管理的系统性和专业性。完善的法律风险识别与评估机制则能够

第六章　构建中国企业"走出去"法律风险防范的长效机制

帮助企业提前发现潜在风险,制定针对性的防范措施。企业应当从以上内容入手,构建法律风险防控的长效机制。

一、健全法律风险管理组织架构

健全的法律风险管理组织架构是企业应对国际化经营中复杂法律风险的基础和核心。随着中国企业"走出去"步伐的加快,其面临的法律环境也日益复杂,涉及的反垄断审查、国家安全审查、数据隐私保护、环境保护等多领域的法律风险层出不穷。这些风险不仅具有突发性和不可预测性,还可能对企业造成巨大的经济损失和声誉损害。因此,建立系统化、专业化的法律风险管理组织架构,成为企业有效防范和应对法律风险的首要任务。通过明确职责分工、优化资源配置、提升决策效率,企业能够在复杂的国际法律环境中更好地规避风险、维护自身权益。

健全法律风险管理组织架构的关键在于设立专门的合规部门和法律风险管理委员会,确保法律风险管理的系统性和专业性。合规部门作为企业法律风险管理的核心机构,负责制定和实施合规政策、监督合规执行情况、处理法律纠纷等具体工作。例如,华为在全球范围内设立了合规委员会,并聘请国际法律专家提供咨询支持,确保其国际化经营符合各国法律法规。法律风险管理委员会则由企业高层管理人员和法律专家组成,负责制定法律风险管理战略、评估重大法律风险、协调各部门的合规工作。通过这种分层管理的组织架构,企业能够实现对法律风险的全流程管控,确保在风险发生前、中、后各阶段都能采取有效的应对措施。

在建立健全法律风险管理组织架构的过程中,企业需要从多个方面入手,以确保其系统性和有效性。首先,企业应明确法律风险管理的战略目标和基本原则,这将为法律风险管理提供方向和指导。战略目标的制定需要结合企业的国际化发展战略,考虑到不同市场的法律环境和业务特点。通过明确战略目标,企业可以更有针对性地配置资源,以应对特定领域的法律风险。其次,企业需要建立有效的法律风险识别和评估机制。法律风险识别是整个法律风险管理流程的起点,企业需要通过多种途径识别潜在的法律风险。识别风险后,企业需要对这些风险进行系统评估,确定其可能带来的影响和发生的概率。这项工作通常需要借助法律专家的专业知识和经验,结合大数据分析等技术手段,以提高评估的准确性和效率。在风险识别和评估的基础上,企业应制定相应的风险应对策略。风险应对策略可以包括风险规避、风险转移、风险降低和风险接受等多种方式。具体选择哪种策略,取决于风险的性质和企业的风险承受能力。对于一些高概率、高影响的法律风险,企业可能选择通过调整业务流程或采取法律措施来规避风险;而对于一些低概率、低影响的风险,企业可能选择通过购买保险等方式进行风险转移。最后,企业需建立健全的法律风险监控和报告机制。法律风险监控是确保法律风险管理措施有效实施的重要环节,企业需要通过定期审计、合规检查等方式,监控法律风险管理的执行情况,及时发现和纠正偏差。完善的风险报告机制则可以确保法律风险信息及时传递到决策层,以便高层管理人员能够迅速做出反应,采取必要的应对措施。

在法律风险管理的实施过程中,企业还应注重员工的法律意识和合规文化建设。合规文化是企业法律风险管理的软实力,直接影响到员工的行为和企业的整体合规水平。企业可以通过法律培训、合规宣讲等多种方式,提高员工的法律意识,使合规文化深入人心。良好的合规文化不仅有助于减少违规行为的发生,还能增强企业在国际市场上的信誉和竞争力。

第六章　构建中国企业"走出去"法律风险防范的长效机制

但是,健全法律风险管理组织架构时也需要关注以下问题:首先,组织架构的建立和运行需要投入大量的人力、物力和财力,对中小型企业尤其不利。例如,设立专门的合规部门和法律风险管理委员会需要招聘专业的法律人才,并为其提供持续的培训和支持,这对企业的资源分配提出了较高要求。其次,组织架构的复杂性和多样性增加了企业的管理难度。不同国家和地区在法律制度和文化传统上存在较大差异,企业需要在多方博弈中找到平衡点。最后,组织架构的动态变化要求企业建立灵活的管理机制。国际制裁和出口管制规则的动态变化,要求企业及时调整其合规策略。为了应对这些挑战,中国企业需要采取积极的应对策略。第一,企业应根据自身规模和国际化程度,合理设计法律风险管理组织架构。大型企业可以设立专门的合规部门和法律风险管理委员会,中小型企业则可以通过外包法律服务或与专业机构合作,提升法律风险管理能力。第二,企业应加强内部法律团队的建设,提升对国际法律的理解和分析能力。企业可以通过聘请专业法律顾问和国际法律专家,组建跨部门的法律合作工作组,确保其法律诉求的科学性和可行性。第三,企业应充分利用政府渠道和国际合作平台,扩大其在国际法律合作中的影响力。企业可以通过参与政府组织的国际谈判和磋商,将其法律诉求纳入国家立场和国际规则文本。

二、完善法律风险识别与评估机制

法律风险识别与评估是企业"走出去"过程中防范风险的首要环节。只有全面、准确地识别和评估潜在的法律风险,企业才能制定有效的风险防范策略,降低海外投资的不确定性。完善法律风险识别与评估机制,需要从制度建设、技术手段、专业团队以及国际合作等多个方面入手,构建一个系统化、动态化的风险防控体系。

（一）建立多层次的法律风险识别体系

在宏观层面，企业需要对目标投资国的整体法律环境进行全面评估。这包括了解东道国的法律体系、司法独立性、法治水平以及国际条约的履行情况等。一些发展中国家可能存在法律体系不完善、司法腐败等问题，这会增加企业的法律风险。此外，企业还应关注东道国与我国之间的双边投资协定、自由贸易协定等国际条约，明确其中关于投资者保护、争端解决机制等条款的具体内容。通过宏观层面的评估，企业可以初步判断目标国家的法律风险等级，为投资决策提供依据。

在中观层面，企业需要结合自身所处的行业特点，分析行业相关的法律法规及其潜在风险。例如，能源、矿产等资源型行业可能面临环境保护、资源开采许可等方面的法律限制；高科技行业则可能面临知识产权保护、技术出口管制等法律问题。此外，企业还需对具体投资项目进行法律风险评估，包括项目的合法性、合规性以及可能涉及的法律纠纷等。通过对行业和项目的深入分析，企业可以更有针对性地识别风险，制定防范措施。

在微观层面，企业需要对具体的合同条款和交易结构进行详细的法律风险排查。例如，在跨国并购中，企业需重点关注股权转让协议、资产收购协议中的法律条款，确保其符合东道国的法律规定；在合资合作中，企业需明确各方的权利义务，避免因合同条款不清晰而引发纠纷。此外，企业还需对交易结构进行法律风险评估，确保其合法性和可操作性。通过微观层面的排查，企业可以有效规避合同陷阱和交易风险。

（二）引入先进的法律风险评估技术

随着信息技术的发展，大数据和人工智能技术在法律风险评估中的应用日益广泛。企业可以通过大数据分析，收集东道国的法律法

第六章 构建中国企业"走出去"法律风险防范的长效机制

规、司法案例、市场动态等信息,构建法律风险数据库。利用人工智能技术,企业可以对海量数据进行快速处理和分析,识别潜在的法律风险点。例如,通过自然语言处理技术,企业可以自动分析合同文本中的风险条款;通过机器学习算法,企业可以预测东道国法律环境的变化趋势。这些技术的应用,可以显著提高法律风险识别的效率和准确性。

传统的法律风险评估主要依赖定性分析,缺乏量化指标的支持。为此,企业可以构建法律风险量化模型,将法律风险转化为可量化的指标。例如,企业可以根据东道国的法治指数、司法效率指数、腐败指数等数据,计算法律风险的综合评分;根据行业相关的法律法规数量、处罚案例数量等数据,评估行业法律风险的高低。通过量化模型,企业可以更直观地比较不同国家、不同行业的法律风险,为投资决策提供科学依据。

(三)组建专业化的法律风险识别与评估团队

企业应加强内部法律团队的建设,培养一批既熟悉国内法律又了解国际法律的专业人才。内部法律团队可以全程参与企业的海外投资活动,从项目立项到合同签订,再到项目实施,提供全方位的法律支持。此外,企业还应定期组织法律培训,提升员工的法律意识和风险防范能力。通过内部法律团队的培养与建设,企业可以更好地识别和评估法律风险,降低对外部法律服务的依赖。

在复杂多变的国际法律环境中,企业仅依靠内部法律团队往往难以应对所有风险。因此,企业需要整合外部法律资源,包括国际律师事务所、法律咨询机构、行业协会等。通过与外部法律机构的合作,企业可以获取更专业的法律意见和风险评估服务。例如,在进入新兴市场时,企业可以聘请熟悉当地法律的律师事务所,提供针对性的法律风险评估报告;在涉及国际争端时,企业可以寻求国际仲裁机构的帮助,制定有效的应对策略。

(四) 建立动态化的法律风险监控机制

法律风险具有动态性和不确定性,企业需要建立法律风险预警系统,实时监控东道国法律环境的变化。企业可以通过订阅法律数据库、关注政府公告、参与行业论坛等方式,及时获取最新的法律法规信息;通过建立风险预警指标,对法律风险进行动态评估。一旦发现潜在风险,企业可以迅速启动应急预案,采取相应的防范措施。

法律风险评估不是一劳永逸的工作,而是一个持续优化的过程。企业应定期对法律风险评估机制进行更新和优化,确保其适应不断变化的国际法律环境。例如,企业可以每年对东道国的法律环境进行重新评估,根据评估结果调整投资策略;在项目实施过程中,企业可以根据实际情况,对法律风险进行动态调整。通过定期更新与优化,企业可以始终保持对法律风险的敏感性和应对能力。

(五) 加强国际合作与信息共享

企业可以通过参与国际法律风险研究项目,了解全球法律风险的最新动态和发展趋势。企业可以与国际律师事务所、研究机构合作,开展针对特定国家或行业的法律风险研究;通过参与国际会议和论坛,与其他企业分享法律风险防范的经验和做法。通过国际合作,企业可以提升自身的法律风险识别与评估能力。

企业可以通过行业协会、商会等组织,建立法律风险信息共享平台。例如,平台可以收集和整理各企业在海外投资中遇到的法律风险案例,供其他企业参考;通过定期发布法律风险评估报告,帮助企业了解最新的法律风险动态。通过信息共享,企业可以形成风险防范的合力,降低海外投资的法律风险。

第六章　构建中国企业"走出去"法律风险防范的长效机制

第二节　政府层面的长效机制建设

在全球经济一体化的背景下,政府层面的长效机制建设成为推动国家对外投资战略的重要支撑。随着中国企业"走出去"步伐的加快,如何在复杂多变的国际环境中有效规避风险、抓住机遇,成为政府和企业共同关注的焦点。为此,政府需要建立健全一套系统化、规范化的长效机制,以支持企业在国际市场中的健康发展。这不仅涉及完善对外投资法律服务体系,确保企业在境外投资活动中能够获得及时、专业的法律支持,还需要优化境外投资审批与监管机制,提高行政效率,减少繁文缛节,使企业能够更加顺畅地开展国际业务。同时,要加强国际投资法律信息平台建设,为企业提供权威、全面的法律信息和政策指引,帮助企业更好地理解和适应东道国的法律环境。此外,推动国内法与国际规则的衔接,通过对国际投资规则的深入研究和合理吸纳,提升国家法律体系的国际化水平,增强企业在国际市场中的竞争力。通过这些措施的综合实施,政府不仅能够为企业提供更加有力的支持和保障,也能在国际经济合作中树立负责任大国的形象,推动国家经济的持续健康发展。

一、完善对外投资法律服务体系

在全球经济一体化和国际规则体系不断调整的背景下,中国企业"走出去"面临的法律风险日益复杂和多样化。从环境保护、劳工权益到数据隐私保护、国际制裁,企业在国际化经营中需要应对的法律挑战层出不穷。这些风险不仅具有突发性和不可预测性,还可能对企业造成巨大的经济损失和声誉损害。因此,完善对外投资法律服务体系,已成为中国政府支持企业"走出去"实现可持续发展的关键任务。通过建立系统化、专业化的法律服务体系，政府能够为企业提供全方位的法律支持和保障，确保其在复杂的国际法律环境中维护自身权益。

完善对外投资法律服务体系的关键在于建立多层次、多渠道的法律服务网络。首先，政府应加强与国际组织和行业协会的合作，通过联合研究和政策倡导等方式，提升法律服务的专业性和覆盖面。例如，政府可以通过与世界银行国际投资争端解决中心和国际商会等国际组织合作，为企业提供权威的法律信息和政策指引。其次，政府应加强国内法律服务机构的能力建设，提升其在国际投资法律领域的专业水平。例如，政府可以通过设立专项基金，支持国内律师事务所和咨询机构开展国际投资法律研究和服务。最后，政府应充分利用外交渠道和国际合作平台，扩大其在国际法律合作中的影响力。例如，政府可以通过参与国际谈判和磋商，将企业的法律诉求纳入国家立场和国际规则文本。

为了进一步完善对外投资法律服务体系，政府还需要注重法律人才的培养和储备。国际化经营环境对法律服务的要求日益提高，企业在境外投资过程中需要面对不同国家和地区的法律制度，这就要求法律服务人员具备丰富的国际法律知识和实践经验。因此，政府应推动高校和法律教育机构设立国际投资法相关课程和专业，培养具备国际视野和专业技能的法律人才。同时，政府可以通过组织国际法律论坛、研讨会和培训班等活动，为法律从业人员提供交流学习的平台，提升其在国际法律事务中的实务能力。这些措施将有助于打造一支高素质的国际法律服务人才队伍，为企业提供更为精准和有效的法律支持。

此外，政府应推动信息技术在法律服务体系中的应用。通过构建智能化的法律服务平台，企业可以更便捷地获取法律咨询、法规检索

第六章 构建中国企业"走出去"法律风险防范的长效机制

和风险评估等服务。政府可以利用大数据和人工智能技术,建立覆盖全球主要投资目的地的法律信息数据库,为企业提供实时更新的法律动态和风险提示。这不仅提高了法律服务的效率和准确性,也降低了企业获取法律服务的成本。通过线上线下相结合的服务模式,政府能够为企业提供更加灵活和多样化的法律支持,帮助企业在国际市场中更好地规避法律风险。

政府还应加强与其他国家和地区的法律合作与交流,推动建立国际投资争端解决机制。面对日益复杂的国际投资环境,单靠一国之力难以有效应对跨境法律纠纷。因此,政府应积极参与双边和多边法律合作,通过签署投资保护协定和争端解决协议,为企业创造稳定和可预见的投资环境。同时,政府还应推动建立区域性或全球性的投资争端解决机构,为企业提供公正、高效的争端解决途径。

二、优化境外投资审批与监管机制

当前,中国企业在境外投资中面临的法律风险日益复杂,涉及的反垄断审查、国家安全审查、环境保护等多领域的法律要求层出不穷。这些风险不仅具有突发性和不可预测性,还可能对企业造成巨大的经济损失和声誉损害。因此,优化境外投资审批与监管机制,已成为中国政府支持企业"走出去"实现可持续发展的关键任务。通过简化审批流程、提高监管效率、加强风险预警,政府能够为企业提供更加高效和透明的审批与监管服务,确保其在复杂的国际法律环境中维护自身权益。

优化境外投资审批与监管机制的关键在于简化审批流程和提高监管效率。首先,政府应简化境外投资的审批流程,减少不必要的繁文缛节,提高行政效率。例如,可以通过建立一站式审批平台,整合各部门的审批职能,实现审批流程的电子化和透明化。其次,政府应提高监管效率,加强对境外投资项目的动态监控和风险评估。例如,可以通过建立境外投资风险预警系统,实时监控投资项目的法律风险和市场风险,及时发现和纠正潜在问题。最后,政府应加强与国际组织和行业协会的合作,提升审批与监管的专业性和覆盖面。

为了进一步优化境外投资审批与监管机制,政府还应注重加强与企业的沟通与协作,建立畅通的反馈机制。企业在境外投资过程中面临的具体问题和挑战,往往需要及时向政府反馈,以便政府能够根据实际情况调整政策和措施。因此,政府可以设立专门的沟通渠道,如热线电话、在线咨询平台等,方便企业随时反馈遇到的困难和建议。同时,定期组织企业座谈会和政策宣讲会,了解企业的需求和意见,提升政策制定的针对性和有效性。这种互动机制不仅有助于提高政府服务的质量和效率,也能增强企业对政府政策的理解和支持。

此外,政府应加强境外投资领域的法治建设,推动法律法规的完善和实施。当前,境外投资相关的法律法规体系尚不够健全,部分法律条款存在模糊和不确定性,给企业带来了合规风险。因此,政府应加快修订和完善境外投资相关法律法规,明确企业在境外投资中的权利和义务,提供清晰的法律指引,提高企业的法律意识和合规能力。通过完善的法治环境,政府能够为企业在境外投资中提供更为稳定和可预见的法律保障,降低法律风险。

三、加强国际投资法律信息平台建设

在全球化背景下,企业"走出去"面临的法律环境日益复杂,信息不对称成为制约企业海外投资的重要因素。一个高效、全面的法律信息平台不仅能够为企业提供及时、准确的法律资讯,还能为企业决

第六章 构建中国企业"走出去"法律风险防范的长效机制

策提供科学依据,降低海外投资的不确定性。通过整合国内外法律资源、引入先进技术手段、推动多方合作,构建一个开放、共享的国际投资法律信息平台,将成为企业"走出去"战略的重要支撑。

(一)国际投资法律信息平台的功能与定位

1. 信息收集与整合功能

国际投资法律信息平台的核心功能是收集和整合全球范围内的法律信息。这包括东道国的法律法规、司法案例、政策动态、国际条约、双边投资协定等内容。通过建立统一的信息数据库,平台可以为用户提供一站式的法律信息服务。例如,企业可以通过平台查询目标国家的投资审批流程、税收政策、劳动法规定等,为投资决策提供参考。此外,平台还可以整合行业相关的法律信息,帮助企业了解特定领域的法律风险。

2. 风险评估与预警功能

平台应具备法律风险评估与预警功能,帮助企业识别和应对潜在的法律风险。例如,平台可以通过大数据分析,评估东道国的法治水平、司法效率、腐败指数等,生成法律风险评级报告;通过实时监控政策变化,及时发布风险预警信息。此外,平台还可以提供定制化的风险评估服务,根据企业的投资领域和项目特点,生成个性化的风险分析报告。通过风险评估与预警功能,平台可以帮助企业提前规避法律风险,降低投资损失。

3. 法律咨询与支持功能

平台应为企业提供专业的法律咨询与支持服务。例如,企业可以通过平台在线咨询法律专家,获取针对性的法律意见;通过平台查找国际律师事务所、仲裁机构等法律服务资源,解决具体的法律问题。此外,平台还可以提供合同模板、法律文书范本等实用工具,帮助企业规范海外投资活动。通过法律咨询与支持功能,平台可以为企业提供全方位的法律保障。

(二)国际投资法律信息平台的建设路径

1. 政府主导与多方参与相结合

国际投资法律信息平台的建设需要政府、企业、行业协会、研究机构等多方共同参与。政府应发挥主导作用,提供政策支持和资金保障,推动平台的建设和运营。例如,政府可以通过设立专项资金,支持平台的技术研发和信息收集;通过制定相关政策,鼓励企业和机构参与平台建设。同时,企业、行业协会和研究机构也应积极参与,提供行业数据、案例分析和专业意见,丰富平台的内容和功能。通过多方合作,平台可以更好地满足用户需求,提升服务质量。

2. 引入先进技术手段

平台的建设应充分利用大数据、人工智能、区块链等先进技术,提升信息处理和服务能力。例如,通过大数据技术,平台可以快速收集和分析海量法律信息,生成精准的风险评估报告;通过人工智能技术,平台可以实现智能问答、合同审查等功能,提高服务效率;通过区块链技术,平台可以确保数据的真实性和安全性,增强用户信任。此外,平台还可以开发移动应用程序,方便用户随时随地获取法律信息和服务。通过引入先进技术,平台可以显著提升其竞争力和用户体验。

3. 建立动态更新与优化机制

国际投资法律信息平台需要建立动态更新与优化机制,确保信息的及时性和准确性。例如,平台可以设立专门的信息采集团队,实时监控全球法律动态,及时更新数据库;通过用户反馈机制,不断优化平台的功能和服务。此外,平台还应定期发布法律风险分析报告,为用户提供最新的法律资讯和风险提示。通过动态更新与优化,平台可以始终保持其信息价值和服务水平。

第六章 构建中国企业"走出去"法律风险防范的长效机制

(三)国际投资法律信息平台的运营模式

国际投资法律信息平台的运营可以采用公益性与市场化相结合的模式。在平台建设初期,政府可以通过财政支持,确保平台的公益属性,为企业提供免费的基础信息服务;随着平台的成熟,可以逐步引入市场化机制,提供增值服务。例如,平台可以为用户提供定制化的法律风险评估、高端法律咨询等收费服务,实现自我造血功能。通过公益性与市场化的结合,平台可以在保障公共服务的同时,实现可持续发展。

建立用户参与机制,平台的运营应注重用户参与,增强用户的黏性和活跃度。例如,平台可以设立用户社区,鼓励用户分享法律经验和案例;通过举办线上线下的法律培训、研讨会等活动,提升用户的参与感和归属感。此外,平台还可以建立用户评价机制,根据用户反馈不断优化服务内容。通过用户参与机制,平台可以形成良好的生态系统,提升其影响力和竞争力。

(四)国际投资法律信息平台的国际合作

平台应加强与国际法律组织的合作,获取更多的法律资源和支持。例如,平台可以与联合国国际贸易法委员会、国际商会等组织合作,获取国际法律规则的最新动态;通过与国际律师事务所、仲裁机构合作,提供高质量的法律服务。此外,平台还可以参与国际法律研究项目,提升其专业水平和国际影响力。通过国际合作,平台可以为企业提供更全面、权威的法律信息和服务。

平台应积极推动跨境法律信息共享,打破信息壁垒。例如,平台可以与东道国的法律信息平台建立合作关系,共享法律法规、司法案例等信息;通过参与国际法律信息网络,获取全球范围内的法律资源。此外,平台还可以推动建立区域性的法律信息共享机制,为企业提供更便捷的法律服务。通过跨境信息共享,平台可以帮助企业更好地了解东道国的法律环境,降低投资风险。

总之,加强国际投资法律信息平台建设,是企业"走出去"战略的重要支撑。通过构建一个功能全面、技术先进、运营高效的法律信息平台,企业可以更好地识别和应对海外投资中的法律风险,提升国际竞争力。未来,随着全球化进程的不断深入,国际投资法律信息平台将在企业"走出去"中发挥更加重要的作用。通过政府、企业、行业协会和研究机构的共同努力,平台可以不断完善和优化,为企业的海外投资活动提供坚实的法律保障。

第三节 社会层面的协同机制建设

在全球化背景下,中国企业在国际市场上面临的法律风险日益增加,这些风险涉及环境、劳工、数据隐私和国际制裁等多个领域。为了帮助企业有效应对这些复杂的法律挑战,构建社会层面的协同机制显得尤为重要。通过整合社会资源,各方能够为企业提供更全面的支持和保障,帮助它们在国际市场中稳健发展。在这一过程中,行业协会和专业化法律服务机构发挥着不可或缺的作用。行业协会可以成为企业与国际市场之间的重要纽带,帮助企业获取最新的法律信息和市场动态;而专业化法律服务机构则能够为企业提供深入的法律分析和合规建议。这种协同机制不仅有助于企业提高合规能力,还能增强其在国际市场上的竞争力和可持续发展能力。

一、发挥行业协会的桥梁作用

行业协会作为连接企业、政府与市场的关键纽带,在帮助企业应对国际法律风险方面具有独特的优势。通过行业协会,企业可以获取最新的法律信息、分享实践经验、参与政策制定,从而更好地适应

第六章 构建中国企业"走出去"法律风险防范的长效机制

国际市场的法律环境。

1. 信息共享与资源整合

行业协会可以通过建立信息共享平台,整合行业内的法律资源,为企业提供及时、准确的法律资讯。例如,协会可以收集和发布东道国的法律法规、政策动态、司法案例等信息,帮助企业了解目标市场的法律环境。此外,协会还可以组织行业研讨会、法律培训等活动,邀请法律专家、学者和企业代表共同探讨法律风险防范的策略。通过信息共享与资源整合,协会可以帮助企业降低信息不对称带来的风险,提升其法律风险防范能力。

2. 政策倡导与权益维护

行业协会可以代表企业向政府反映行业诉求,推动相关政策的制定和完善。例如,在涉及国际投资的法律风险问题上,协会可以组织企业调研,收集企业的意见和建议,向政府提出政策建议;在双边或多边谈判中,协会可以为企业争取更多的权益保护条款。此外,协会还可以通过与国际组织、外国行业协会的合作,推动建立公平、透明的国际法律环境。通过政策倡导与权益维护,协会可以帮助企业更好地应对国际法律风险,维护其合法权益。

3. 行业自律与标准制定

行业协会可以通过制定行业自律规范和标准,引导企业遵守国际法律规则,提升行业的整体合规水平。例如,协会可以制定环境保护、劳工权益、数据隐私等方面的行业标准,帮助企业规范经营行为;通过开展合规评估和认证,鼓励企业主动履行社会责任。此外,协会还可以建立行业黑名单制度,对违反法律规则的企业进行惩戒,维护行业的良好形象。通过行业自律与标准制定,协会可以推动企业实现可持续发展,增强其国际竞争力。

4. 国际合作与交流

行业协会可以积极推动与国际同行组织的合作与交流,帮助企业了解国际法律环境的最新动态。例如,协会可以与国际商会、国际律师协会等组织建立合作关系,参与国际法律规则的制定和修订;通过组织企业参加国际展会、论坛等活动,帮助企业拓展国际视野,积累法律风险防范的经验。此外,协会还可以推动建立区域性的法律信息共享机制,为企业提供更便捷的法律服务。通过国际合作与交流,协会可以帮助企业更好地融入国际市场,提升其法律风险应对能力。

二、发挥专业化法律服务机构的作用

专业化法律服务机构是企业应对国际法律风险的重要支持力量。通过提供高质量的法律服务,这些机构可以帮助企业识别、评估和应对复杂的法律挑战。

1. 提供定制化的法律服务

专业化法律服务机构可以根据企业的具体需求,提供定制化的法律服务。例如,在跨国并购中,机构可以帮助企业设计交易结构、审查合同条款、评估法律风险;在涉及国际争端时,机构可以为企业提供仲裁或诉讼代理服务,制定有效的应对策略。此外,机构还可以为企业提供合规培训,帮助员工了解国际法律规则,提升企业的整体合规水平。通过定制化的法律服务,机构可以为企业提供全方位的法律支持,降低其海外投资的法律风险。

2. 建立法律风险预警机制

专业化法律服务机构可以通过建立法律风险预警机制,帮助企业提前识别和应对潜在的法律风险。例如,机构可以利用大数据和人工智能技术,实时监控东道国的法律环境变化,发布风险预警信息;通过定期发布法律风险评估报告,帮助企业了解最新的法律风险动态。此外,机构还可以为企业提供应急响应服务,在发生法律纠纷时迅速采取行动,最大限度地减少企业的损失。通过法律风险预警机制,机构可以帮助企业实现风险防范的主动性和前瞻性。

3. 推动法律科技的应用

专业化法律服务机构可以积极推动法律科技的应用,提升法律服务的效率和质量。例如,机构可以利用区块链技术确保合同的法律效力和数据安全;通过人工智能技术实现合同审查、法律咨询等服务的自动化。此外,机构还可以开发法律风险管理软件,帮助企业实现法律风险的动态监控和管理。通过法律科技的应用,机构可以为企业提供更高效、更便捷的法律服务,提升其法律风险防范能力。

综上,构建社会层面的协同机制,是帮助企业应对国际法律风险的重要途径。通过发挥行业协会的桥梁作用、专业化法律服务机构的技术支持以及多方协同的合作模式,企业可以更好地识别、评估和应对复杂的法律挑战。未来,随着全球化进程的不断深入,社会协同机制将在企业"走出去"中发挥更加重要的作用。通过政府、行业协会、法律服务机构以及企业的共同努力,这一机制将不断完善和优化,为企业的海外投资活动提供坚实的法律保障。

参考文献

一、中文类

（一）中文著作

1. 陈业宏：《中国海外投资法律问题研究》，湖北人民出版社1998年版。
2. 崔新健主编：《中国利用外资三十年》，中国财政经济出版社2008年版。
3. 段爱群：《跨国并购法律方略与财税金融政策问题探析》，法律出版社2010年版。
4. 段爱群：《跨国并购原理与实证分析》，法律出版社1999年版。
5. 范璐晶：《国际投资法视域下的稳定性条款研究》，知识产权出版社2025年版。
6. 〔尼日利亚〕福拉·阿德莱克：《非洲国际投资法律与政策：基于人权路径探讨投资管理和争端解决问题》，李良才译，法律出版社2024年版。
7. 何力：《中国海外投资战略与法律对策》，对外经贸大学出版社2009年版。
8. 李海容：《海外投资并购：实务操作与典型案例解析》，法律出版社2017年版。
9. 李青、韩永辉：《国际投资与"一带一路"建设》，科学出版社2024年版。
10. 李雨龙、陈景云主编：《投资并购经典案例法律评析》，法律出版社2008年版。
11. 梁开银：《中国海外投资立法论纲》，法律出版社2009年版。
12. 梁咏：《中国投资者海外投资法律保障与风险防范》，法律出版社2010年版。

13. 廖运凤:《中国企业海外并购》,中国经济出版社 2006 年版。
14. 漆彤:《跨国并购的法律规制》,武汉大学出版社 2006 年版。
15. 漆彤:《"一带一路"国际经贸法律问题研究》,高等教育出版社 2018 年版。
16. 钱宗鑫:《国际投资案例》,中国人民大学出版社 2024 年版。
17. 史建三:《跨国并购论》,立信会计出版社 1999 年版。
18. 〔美〕斯坦利·福斯特·里德、亚历山德拉·里德·拉杰科斯:《并购的艺术:兼并 收购 买断指南》,叶蜀君、郭丽华译,中国财政经济出版社 2001 年版。
19. 汤树梅:《国际投资法的理论与实践》,中国社会科学出版社 2004 年版。
20. 唐应茂:《国际金融法:跨境融资和法律规制》,北京大学出版社 2015 年版。
21. 汪玮敏:《海外投资中劳工权保障问题研究》,上海财经大学出版社 2022 年版。
22. 文川、刘英:《"一带一路"战略与企业"走出去"法律风险应对研究——以广东为例》,云南大学出版社 2017 年版。
23. 〔美〕亚历山德拉·里德·拉杰科斯、J.弗雷德·威斯顿:《并购的艺术:融资与再融资》,张秋生等译,中国财政经济出版社 2001 年版。
24. 〔美〕亚历山德拉·里德·拉杰科斯、查尔斯·M.埃尔森:《并购的艺术:尽职调查》,郭雪萌等译,中国财政经济出版社 2001 年版。
25. 颜湘蓉:《跨国协议并购法律问题研究》,武汉大学出版社 2009 年版。
26. 杨海涛:《"一带一路"背景下中国—东盟自贸区国际投资法律机制研究》,武汉大学出版社 2023 年版。
27. 余劲松:《跨国公司法律问题专论》,法律出版社 2008 年版。
28. 余劲松、吴志攀主编:《国际经济法(第二版)》,高等教育出版社 2005 年版。
29. 余劲松主编:《国际投资法》,法律出版社 2005 年版。
30. 曾华群、余劲松主编:《促进与保护我国海外投资的法制》,北京大学出版社 2017 年版。
31. 曾华群主编:《国际投资法学》,北京大学出版社 1999 年版。
32. 张建主编:《国际投资法原理》,首都经济贸易大学出版社 2023 年版。
33. 张倩雯:《国际投资法中的国民待遇条款研究》,四川大学出版社 2023 年版。

34. 张伟华:《海外并购交易全程实务指南与案例评析》,中国法制出版社 2016 年版。

35. 中国社会科学院国家全球战略智库国家风险评级项目组、中国社会科学院世界经济预测与政策模拟实验室:《中国海外投资国家风险评级报告(2024)》,中国社会科学出版社 2024 年版。

(二)中文论文

1. 柴裕红、瞿子超:《我国企业海外投资中的数字经济法律风险与应对》,载《海外投资与出口信贷》2022 年第 4 期。

2. 陈希:《"一带一路"建设中第三方市场合作的法律风险及其应对》,载《中州学刊》2019 年第 5 期。

3. 陈业宏:《论完善中国海外投资审批制度》,载《中南民族大学学报(人文社会科学版)》2002 年第 6 期。

4. 陈正健:《论中国涉外投资法制的新格局》,载《齐鲁师范学院学报》2015 年第 4 期。

5. 董君勇:《跨国股权转让法律适用研究》,复旦大学 2009 年博士学位论文。

6. 董琴:《我国装备制造企业"走出去"PPP 模式的应用研究——基于"一带一路"战略视角》,载《现代经济探讨》2017 年第 3 期。

7. 董彦岭:《我国境外投资促进体系的制度演进分析:1979—2009》,载《经济与管理评论》2012 年第 3 期。

8. 杜玉琼:《"一带一路"倡议下中国企业投资印度的法律风险及防范研究》,载《江海学刊》2018 年第 3 期。

9. 高欣:《中国对俄直接投资的现状与特点分析》,载《经济与管理研究》2011 年第 5 期。

10. 顾光、陈雨婷、周泽将:《海外投资、审计定价与审计延迟》,载《会计与经济研究》2019 年第 6 期。

11. 韩萍:《"一带一路"倡议下中国企业海外投资风险评估与对策研究》,载《价格月刊》2018 年第 2 期。

12. 何志鹏、崔鹏:《涉外法治斗争的战略勇气与战术设计——以应对海外投资法律风险为视角》,载《法治现代化研究》2023年第6期。

13. 何志鹏、崔鹏:《涉外法治:应对海外投资法律风险的良方》,载《国际经济法学刊》2022年第3期。

14. 侯文平:《中国对外直接投资的现状和问题分析》,载《科学·经济·社会》2016年第3期。

15. 胡海燕:《外资并购国家安全审查:美国的立法对我国的启示》,载《知识经济》2009年第6期。

16. 姜发根:《跨国并购反垄断控制的法律冲突与协调》,载《皖西学院学报》2008年第6期。

17. 金仁淑、孙玥:《我国企业对"一带一路"沿线投资面临的法律风险及对策研究》,载《国际贸易》2019年第9期。

18. 兰燕:《建立我国海外投资保险制度的构想》,载《法制与经济》2009年第3期。

19. 李健男:《论中国企业海外投资利益保护法治建设》,载《法学评论》2024年第5期。

20. 李武健:《"一带一路"战略中我国海外投资法律风险研究》,载《江西社会科学》2017年第5期。

21. 李玉璧、王兰:《"一带一路"建设中的法律风险识别及应对策略》,载《国家行政学院学报》2017年第2期。

22. 梁开银、卢荆享:《论中国海外投资监管立法的完善》,载《河北法学》1999年第4期。

23. 林莎:《我国企业海外并购的法律风险研究》,中南大学2010年博士学位论文。

24. 刘超、王静:《"21世纪海上丝绸之路"能源投资准入之法律风险与应对》,载《中国矿业大学学报(社会科学版)》2017年第5期。

25. 龙凤等:《中国对外投资和援助中的环境保护》,载《环境保护》2009年第1期。

26. 陆青、侯剑:《我国海外并购融资现状分析及对策》,载《金融纵横》2011年第7期。

27. 罗利勇:《中国企业"走出去"后面临的产权保护问题及应对之策》,载《云南社会科学》2020年第1期。

28. 罗向晗:《完善我国境外投资审批制度的法律思考》,载《福建金融管理干部学院学报》2006年第1期。

29. 罗玉辉、侯为民:《共建"一带一路"下中国企业"走出去":成就、挑战与应对》,载《亚太经济》2024年第3期。

30. 米金升、田恬:《"一带一路"建设要发挥企业主体作用》,载《国际经济合作》2017年第12期。

31. 彭辉、张虹:《中国企业海外并购中知识产权的风险识别》,载《科学发展》2014年第3期。

32. 孙丽、张慧芳:《"一带一路"框架下中日第三方市场合作的可行性与模式选择》,载《日本问题研究》2019年第2期。

33. 谈萧:《韩国海外投资法制评析与启示》,载《国际贸易问题》2006年第9期。

34. 唐海涛:《欧盟投资者—东道国争端解决机制的改革及我国的应对策略》,载《河南财经政法大学学报》2018年第3期。

35. 涂兴万:《中小企业海外油气矿业投资十大法律风险》,载《中国石油企业》2024年第7期。

36. 吴浩:《第三方市场合作:"一带一路"的新动能》,载《人民论坛·学术前沿》2019年第1期。

37. 吴舜:《中国企业海外并购法律问题研究》,西南政法大学2007年博士学位论文。

38. 徐晗冰:《民营企业对外投资法律支持体系研究》,载《特区经济》2017年第7期。

39. 徐卫东、闫泓汀:《"一带一路"倡议下的海外投资法律风险对策》,载《东北亚论坛》2018年第4期。

40. 徐伟敏:《企业合并的反垄断控制若干问题的思考》,载《山东大学学报(哲学社会科学版)》2002 年第 4 期。

41. 许宁宁:《美国企业跨国并购反垄断法研究》,对外经济贸易大学 2006 年硕士学位论文。

42. 杨鸿:《美国外资国家安全审查制度的最新改革:对我国影响的评估及其应对》,载《江淮论坛》2009 年第 5 期。

43. 杨咏婕:《中国企业海外投资纠纷的类型、成因及对策》,载《对外经贸实务》2020 年第 12 期。

44. 叶建木、潘肖瑶:《"一带一路"背景下中国企业海外投资风险传导及控制——以中国铁建沙特轻轨项目为例》,载《财会月刊》2017 年第 11 期。

45. 叶军:《经营者集中法律界定模式研究》,载《中国法学》2015 年第 5 期。

46. 殷楠:《我国企业海外并购融资路径的法律分析》,载《江苏社会科学》2018 年第 2 期。

47. 尹晨、周薪吉、王祎馨:《"一带一路"海外投资风险及其管理——兼论在上海自贸区设立国家级风险管理中心》,载《复旦学报(社会科学版)》2018 年第 2 期。

48. 于丽萍:《反垄断视阈下中国企业对俄投资的法律风险及应对》,载《商业经济》2020 年第 7 期。

49. 余桂荣:《中国与东盟国家战略性矿产资源产业链供应安全合作研究——以法律风险为视角》,载《沿海企业与科技》2024 年第 1 期。

50. 余劲松、陈正健:《中国境外投资核准制度改革刍议》,载《法学家》2013 年第 2 期。

51. 余姝、陈伟、郇长坤:《中国海外农业投资区位选择中东道国法治环境评价》,载《世界农业》2019 年第 9 期。

52. 张劲松:《试论对国际性并购的法律管制》,载《国际贸易问题》2001 年第 1 期。

53. 张举胜:《美国外资并购国家安全审查制度研究》,中国政法大学 2011 年博士学位论文。

54. 赵霖、夏芸芸:《中国企业海外并购劳动者法律风险防范研究》,载《贵州社会科学》2012 年第 7 期。

55. 郑雪平、鲁炜中:《"一带一路"倡议下加快企业"走出去"的基本思路》,载《河北大学学报(哲学社会科学版)》2019 年第 2 期。

56. 周明勇:《"一带一路"背景下中国企业"走出去"法律问题研究》,载《现代管理科学》2017 年第 8 期。

57. 朱凌燕:《欧盟跨国并购反垄断审查及其启示》,载《国际经济合作》2007 年第 4 期。

58. 祝宁波:《中国海外投资利益保护的法律风险管理模式探讨》,载《理论导刊》2018 年第 3 期。

二、外文类

(一)外文著作

1. Edward M. Graham, David M. Marchick, *US National Security and Foreign Direct Investment*, Institute for International Economics, 2006.

2. Enrique R. Arzac, *Valuation for Merger, Buyouts, and Restructuring*, J. Wiley, 2005.

3. J. Fred Weston, Kwang S. Chung, Juan A. Siu, *Takeovers, Restructuring, and Corporate Governance(2nd Edition)*, Prentice Hall, 1998.

4. John B. Kirkwood, *Antitrust Law and Economics*, Emerald Group Publishing, 2004.

5. J. William Rowley, Donald I. Baker, *International Mergers: The Antitrust Process*, Sweet & Maxwell, 2005.

6. Mark L. Feldman, Michael F. Spratt, *Five Frogs on a Log: A CEO's Field Guide to Accelerating the Transition in Mergers, Acquisitions and Gut Wrenching Change*, Harper Business, 1998.

7. Michael Wyatt, *Company Acquisition of Own Shares*, Jordan Publishing, 2004.

8. R. H. Coase, *The Firm, the Market and the Law*, University of Chicago Press,

1990.

9. Roger Y. W. Tang, Ali M. Metwalli, *Merger and Acquisitions in Asia: A Global Perspective*, Routledge, 2006.

(二) 外文论文

1. Afra Afsharipour, Rising Multinationals: Law and The Evolution of Outbound Acquisitions by Indian Companies, *U. C. Davis Law Review*, Vol. 44, No. 3, 2011.
2. R. Glenn Hubbard, Anil K. Kashyap, Toni M. Whited, Internal Finance and Firm Investment, *Journal of Money, Credit and Banking*, Vol. 27, No. 3, 1995.

后　记

　　本书的完成,是对近年来跨国法律治理实践的一次系统性梳理。本书肇始于我的博士后研究报告,自2017年启动研究,至2025年定稿,凝结了我多年来的思考。本书的研究始终围绕一个核心问题展开:如何在复杂多变的国际法律环境中构建有效的风险协同治理框架?

　　在研究过程中,我系统梳理了国内外法律文献、国际贸易规则以及跨国企业案例。研究材料既包含基础理论,也融合前沿理论,既涉及传统法学理论基础,也涵盖当代国际经济法前沿成果,并详尽参考了各类双边投资协定及东道国法律条文。每一份材料都如同一块拼图,通过对这些资料的交叉比对与整合,我致力于厘清中国企业海外经营面临的法律风险结构,并探索协同治理机制的可行性路径。那些日夜与书本、案例为伴,对着晦涩难懂的法律条文苦思冥想的日子,如今想来,虽然枯燥,但也充实。在写作过程中,我几度陷入困境。当试图将复杂的法律风险体系与协同治理机制清晰地阐述出来时,逻辑的混乱、表述的不当如影随形。有时为了一个关键观点的论证,反复推敲、修改,甚至推翻重写。好在一路走来,有许多人给予我支持与鼓励。

后　记

  感谢中国政法大学法律学院的各位领导和老师，法律学院如同一个温暖的大家庭，从工作到生活的方方面面给予我无微不至的支持。感谢学术同行的启迪，与同行们在学术研讨会上的热烈讨论、各抒己见，每一次思想的碰撞都为我带来新的灵感。感谢北京大学出版社的编辑老师们，从初稿的审读到最终成稿，为我提出了诸多极具价值的建议。感谢我的父母，他们用数十年如一日的关怀和呵护，为我撑起温暖的港湾；感谢我的先生，他的理解与包容，是我无惧风雨的底气；感谢我的孩子，他那纯真的笑容和蓬勃的朝气，不仅为我带来无尽的快乐与力量，更让我深切体会到为人母的幸福与责任。

  如今，这本书终于即将与读者见面，我深知它并不完美，可能存在瑕疵与不足，但我也希望它能为相关领域的研究者、实践者提供一些有价值的参考，为中国企业在"一带一路"倡议下行稳致远贡献一份绵薄之力。在未来的日子里，我将继续关注这一领域，不断探索、砥砺前行，助力中国企业在全球化的浪潮中破浪扬帆，在法治的护航下开启更美好的篇章。

陈希

2025 年夏于北京